図録
立命館大学
国際平和ミュージアム

PEACE×PIECE
あなたのピースを探そう!

立命館大学国際平和ミュージアム［編］

合同出版

はじめに

　立命館大学は2025年に創立125周年を迎えます。平和という観点から125年を振り返ったとき、戦時体制下の立命館大学のあり方——超国家主義、ミリタリズムへの傾斜、学徒出陣をはじめとする戦争協力——に対して痛切な悔恨の念を持ちます。この悔恨の念が戦後の立命館大学の通奏低音であるといえます。

　戦後の立命館大学はグローバリズム、平和主義に立脚して教育研究を行ってきました。1953年に彫刻家・本郷新の作品である戦没学生記念像〈わだつみのこえ〉を受け入れ、「平和と民主主義」という教学理念を繰り返し確認してきました。そして、1980年代の「平和のための京都の戦争展」の運動と共同して、1992年に国際平和ミュージアムを開館しました。2005年の第1期リニューアルのときには、窪島誠一郎氏の協力を得て、長野県上田市にある戦没画学生慰霊美術館・無言館の京都館「いのちの画室（アトリエ）」を開室しました。

　当ミュージアムはこのたび第2期リニューアルを終えて、展示を一新いたしました。この図録は第2期リニューアルを終えたミュージアムの最新の展示を見ていただくものです。平和ミュージアムの活動は、有形・無形の遺産（戦争・暴力の記録と記憶）を収集、保存、調査研究、展示し、それらを教育に活かしていく活動——戦争体験の継承、平和の創造——ですから、展示に尽きるものではありませんが、それでもやはり展示は最も重要な側面であると思います。当ミュージアムは、来館者のみなさまが展示と対話して、また来館者同士で対話して、どのように戦争を防ぎ平和をつくるのかを考える場となることを目指しています。リニューアル後のミュージアム1階ロビーでは、北側のわだつみ像と南側の無言館が来館者を迎えます。

　私たちが平和を考えるとき、私たちは東アジアあるいはアジア太平洋という地域に住んでいるという事実を思い起こす必要があります。近代日本はこの地域で植民地支配と侵略戦争を引き起こしました。学徒出陣で出征した学徒は、ほとんどが同地域で戦死しました。戦後、この地域に平和な秩序、信頼関係を築くことができたかと自問するならば、まだ道半ばであると思います。国際平和ミュージアムは、東アジアにおける過去の敵対関係を修復し、これから敵対関係をつくらないこと＝平和を創造することを重要な使命のひとつとして自覚しています。当ミュージアムが、これから「過去の過ちを繰り返さない」ための力、東アジアにおける軍拡、戦争を防ぐ力になれるかどうか、問われていると私は感じます。立命館大学創立125周年を迎えるにあたって、このようなことを考え、みなさまとともに私たちの平和への責任を果たす決意をいま新たにしています。

　2023年9月

立命館大学国際平和ミュージアム館長

君島東彦

第2期
リニューアルによせて

立命館大学国際平和ミュージアムの
「これまで」と「これから」

　2023年9月23日、立命館大学国際平和ミュージアム（以下、ミュージアム）は第2期リニューアルオープンの日を迎えます。ここでは開館からの約30年の歩みを簡潔に振り返り、第2期リニューアルの基本的な考え方をご紹介させていただきますが、時々の情勢の詳細は、ミュージアムに新設され、あたかも歴史絵巻物をイメージさせるような年表やテーマ展示等でご覧いただきたく存じます。

　1992年、「戦後50年」という節目を前に、ミュージアムは開館しました。ミュージアムが開館した1990年代は、東西冷戦が終結し、情報技術の発展を背景に、市場経済のグローバル化が進みました。そのなかで、貧困問題や経済格差が拡大し、新たな国際問題や紛争が顕在化しますが、ミュージアムの開館は、市民によって開催されていた「平和のための京都の戦争展」、その開催と運営を支えた「中野基金」のレガシーを継承することでもありました。2005年の第1期リニューアルでは「立命館憲章」に記された「アジア太平洋地域に位置する日本の学園として、歴史を誠実に見つめ、国際相互理解を通じた多文化共生を目指す」という理念を展示や施設運営に反映させています。

　第1期リニューアルから10年後、2015年度よりミュージアム執行部を中心に、次のリニューアルに向けた検討が始まります。第1期リニューアル以降、グローバル化とICTがさらなる進展をみせ、世界情勢は大きく変動しました。国内では、2006年9月の第1次安倍晋三内閣発足頃より新憲法制定・憲法改定・憲法解釈の変更の動きが見られ、2011年3月に発生した東日本大震災、福島原発事故を発端として、様々な自然災害への対応、原子力発電の存続の是非が重要な課題として浮かび上がってきました。2014年には集団的自衛権の行使容認、特定秘密保護法施行の動きが見られました。これらの動きに対抗する様々な市民運動が繰り広げられ、2016年4月にヘイトスピーチ解消法が成立しました。

　海外では様々な国際紛争が起こり、今なお深刻な状況が継続しています。たとえば、イスラエル・パレスチナ紛争、イラク・シリアにおけるISの成立（と崩壊）と世界各地で勃発する無差別テロ、北朝鮮の核開発と度重なるミサイル発射実験、ロシアのクリミア併合などがあり、国際的には難民問題も大きな課題となっています。

　たしかに、上記のように戦後70年を迎えるなかで、平和をめぐる情勢は混迷を深めていました。しかし、核兵器廃絶にむけた取り組みにおいては、一定の成果がありました。たとえば、2009年のオバマ米大統領による「核兵器のない世界」演説、衆参両議院が日本政府に核兵器廃絶に向けた取り組み強化を求める決議を全会一致で採択しました。また、国連安全保障理事会の首脳級特別会合

が「核なき世界」決議を全会一致で採択、2017年の核兵器禁止条約が国連加盟国の6割を超える122カ国の賛成により採択されました。

　その後、2018年度より、リニューアルの議論は全学に場所を移し、R2020に続く学園ビジョン「R2030立命館大学チャレンジデザイン」を背景に進められました。議論のなかで強調されたのが、2015年9月に国連本部において開催した「国連持続可能な開発サミット」で採択された「持続可能な開発目標（以下、SDGs）」です。

　SDGsは「2030年までにあらゆる形態の貧困に終止符を打つ」という高い目標を掲げ、その具体化に向けて様々なアクターが協力して多種多様な行動を起こし、問題解決に向かうものです。しかも、SDGsは「国家の安全保障」から「人間の安全保障」へと概念を深化させています。それゆえに、京都の「戦争展」という市民運動とも関わりの深いミュージアムこそが、SDGsが示す世界を実現する原動力となるとともに、立命館の教育・研究の質的向上に貢献していく、この2点が第2期リニューアルの中軸となりました。

　まさに、第2期リニューアルとは、ダイバーシティとインクルージョンを実現する総合学園としての立命館の教育・研究の質的向上に貢献するために、ミュージアムの展示等のソフト面とミュージアムが設置されているアカデメイア立命21のハード面を同時に改善するという、学園にとっても重要な事業として位置づけられています。この点は、「アカデメイア立命 21 リフレッシュ工事および展示リニューアルをも包摂したビジョンとミッション」において、以下のように述べられています。

　ビジョン

　　教学理念「平和と民主主義」の具現化として、現代的課題を認識し、過去と未来に向けての対話を通じて、正解のない問いと向き合い、平和創造の主体者となる世界市民をはぐくむ学びの場を形成することにつとめる。

　ミッション

　　①【現代＝認識：興味に引き付けた学びの動機付け】

　　一人ひとりが興味をもつ現代的な課題を手がかりに、平和を自分の課題と結びつけ、自分事として捉えられるリニューアルを実施します。

　　②【過去＝教訓：自分で考え判断できる力をやしなう】

　　過去や現在の問いを投げかけることを通じて、主体的に考え、しあわせな未来を生みだす人をはぐくむことにつとめます。

　　③【未来＝創造：何度でも訪れる】

　　課題と向き合うたびに、学びを求めて繰り返し、このミュージアムを訪れ、行動のきっかけとしてもらう、創造的な欲求に応える存在へと進化します。

　　④【基盤：ミュージアムとしての機能強化】

　　収集、保存、調査研究、平和教育・普及、展示という博物館としての機能を進化させます。

上記のビジョンとミッションに基づき、リニューアルの基本構想に示されたリニューアルのコンセプトは、①戦争の記憶を共有するミュージアム、②平和創造の場となるミュージアム、③平和創造を支える調査研究活動の拠点となるミュージアムとなりました。また、リニューアルにおける展示の方向性は、①問題意識を喚起する展示——つまり、展示資料を通じて、来館者に「なぜ」という問いを喚起し、事後学習やワークにより来館者の主体的な学習につながる展示、②歴史叙述の発想の見直し——つまり、「戦争」という事象を多角的に理解し、現代に向けた課題を汲み取ることができる展示を目指しています。

　この点をさらに述べると、人間は何を迫られれば生命やくらしを脅かされることにつながるのか、そのなかで個人はどのような選択をしたのかを伝えることで、現在を生きる来館者が歴史と現在のなかに存在する多様な暴力の形態に意識を向け、それらを克服するための多様な選択の可能性を開くことを目指しています。ここではそれにより来館者が戦争の背景や構造への学習を深めるとともに、これを自らにつながる課題として受け止めることを促すことを念頭に置いています。

　このような展示の方向性のもと、リニューアルにおける特色のある試みは、「戦争の記憶の継承と『物語』」、つまり、モノ資料と「物語」の有機的な連携によって、戦争の構造と個人の体験を多角的に捉えることができる展示内容となっています。なお、このような展示は、博物館の調査研究活動を担ってきた平和教育研究センター（2016年12月に設置）を中軸とした多様な研究活動の成果を反映させており、今次リニューアルにおいて特筆すべきものとなっています。

　リニューアル後、戦後80年を迎えます。ミュージアムは開設より重視してきた平和教育の開発と普及、研究活動の蓄積を基礎に、平和教育研究センターと共同して、未来の平和な社会の創造に貢献いたします。さらに、大学附設の平和博物館である立命館大学国際平和ミュージアムは、平和創造に関する実践的な取り組みとの協同のさらなる開拓を目指します。

　それでは、この図録とともに、リニューアル後の当館の展示をお楽しみください。

2023年9月

立命館大学国際平和ミュージアム副館長・第2期リニューアル事務局長

市井吉興

次

帝国主義の時代

近代日本の出発——14

帝国日本の形成——20

第一次世界大戦と戦後の変化——26

十五年戦争

満洲事変とファシズムの席捲——46

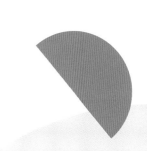

グローバル化した世界

人は誰もが豊かな能力を開花させる可能性をもっています。

戦争は人類を破滅に導く最大の危機であり続けています。

また、危機は戦争だけでなく、私たちの身近な日常生活にもひそんでいます。

暴力や差別、環境破壊、自然災害、感染症などの様々な危機は、

一人ひとりがもっている豊かな能力を開花させる可能性を奪います。

では、そうした困難を乗りこえるためにはどうしたらよいでしょうか。

すぐに答えをみつけるのは簡単なことではありませんが、

その背景を探り、希望をもてる未来を想像することはできるはずです。

立命館大学国際平和ミュージアムの展示「PEACE」×「PIECE」は、

世界が戦争へと突き進む19世紀から21世紀の現在まで、

日本で、アジアで、世界で、人びとのいのちやくらしがいかに脅かされてきたのか、

人びとが困難にどのように立ち向かってきたのかを物語っています。

そこには、絶えることのない人びとの平和への願いや問いがちりばめられています。

さあ、自ら行動するための平和のピースを探す旅に出かけましょう！

＊本書は立命館大学国際平和ミュージアムの展示に沿って構成しています。

　ただし展示品・所蔵品をすべて収録しておらず、また展示と異なる順序で紹介している部分があります。

＊資料の本書への掲載にあたって、権利者への連絡を行いましたが、お気づきの点がありましたらご連絡ください。

帝国主義
の時代

近代日本の出発

日本の近代化は、日本や東アジアにくらしていた人びとに
どのような経験をもたらしたのでしょうか。
近代化の光と影を考えてみましょう。

アヘン戦争の衝撃――東アジア秩序の再編

　産業革命を果たした西欧諸国は、東アジアに商品の新たな市場を求めました。とくにイギリス
は、清国に輸出したアヘンを同国が没収したことを理由に「アヘン戦争」を起こし、上海などの
5都市を開港させました。開港直後の清国は貿易赤字に苦しみ、太平天国の乱*などの社会動乱
が起こりましたが、開港都市の経済は次第に復調していきました。また、アヘン戦争によって、
清国を中心とした東アジアの伝統的秩序は再編を余儀なくされることとなりました。

*太平天国の乱
1851年に清国で起きた大規模な農民蜂起。土地の公正な分配や自給自足の社会を掲げて「太平天国」と名乗る理想国家を樹立した。

日本開国と明治維新

　1853年、アメリカのペリー艦隊とロシアのプチャーチン艦隊が来航し、日本に開国を求めました。ア
ヘン戦争で危機感をもった幕府は両国と和親条約を結び、開国に踏み切ります。また、1859年には横
浜などの開港地で自由貿易が始まり、日本も世界の貿易ネットワークのなかに組み入れられます。以後、
日本は国内外から政治的な変革を求められ、明治維新へと突き進んでいきました。

香港の港に集まるイギリス艦船
提供：Imperial War Museum（1860年）

外国に渡る人びと

開国後、旅券（パスポート）を得た人びとは留学、労働、移住、興行など、様々な形で国境を越えていきます。日本が領事裁判権をもつ上海や釜山（プサン）では日本政府の監督下にある居留民団が、北米・ハワイなどでは県人会や日本人会が組織され、親睦や情報交換を通して同郷意識を強めていきました。

明治元年に最初にハワイに渡ったクワタ・マツゴロウとその家族
ハワイの砂糖産業の拡大にともない、日本から最初に渡った移民は、明治元年に入植したため、後に「元年者」と呼ばれた。
提供：Bishop Museum（1899年）

蝦夷地・小笠原島・琉球の領有化
──国境線を引き直す

近代化は、他者の土地を領土や植民地として抱え込む帝国化の歩みでもありました。明治政府は1869年に蝦夷地（えぞ）を、1876年に小笠原島を、1879年に琉球を正式に編入します（琉球処分）。清国との琉球分割交渉やロシアとの千島列島・樺太をめぐる領土争いが国と国との間で繰り広げられましたが、これらの土地の住人であるアイヌや沖縄の人びとの存在は無視されていました。

北海道開拓
明治初期の道路開削工事。北海道では1869年に開拓使が置かれ、道路・鉄道・工場などが作られた。
提供：北海道大学附属図書館（1872年）

人類館事件

　第5回内国勧業博覧会では北海道のアイヌ、台湾先住民、沖縄人、マレー人などの「生身の人間」を見せる学術人類館が設置されましたが、これは見学者に「文明人」という優越感を与えるものでした。沖縄からの抗議で沖縄出身の女性の展示は中止されましたが、その抗議の内容も、自分たちが劣等視している他者への差別と表裏一体のものでした。

「学術人類館」に見世物として集められた人びと
1903年、第5回内国勧業博覧会の学術人類館に集められたアイヌなど各民族の人びと。
提供：那覇市歴史博物館

国民教育と国語

　1900年、小学校に「国語」科が設置されました。国語科設置には身分や階層、地域などの文化的差異を均質化させる目的が含まれており、「千島から沖縄まで」の均質な言語空間が目指された結果、沖縄などの方言は矯正対象となっていきました。また「国語」は、植民地の人びとの言語を序列化し、現地で日本語学習を強いる暴力性を伴いました。

徴兵制度と富国強兵――兵士となる男性たち

　近代国家は国民軍（国民による常備軍）を必要としました。「富国強兵」を目指す近代日本は徴兵告諭（1872年）や軍人勅諭＊（1882年）により天皇への絶対服従を求め、徴兵令（1873年）以降、満20歳に達した男子を徴兵検査の結果によって徴集します。これにより兵役は成人男性が果たすべき国民の義務となり、「国民皆兵」が進められました。

＊軍人勅諭
日本の軍隊は天皇の軍隊であると宣言した勅語。軍人に５つの徳目（忠節・礼儀・武勇・信義・質素）を説き、「死は鴻毛よりも軽しと覚悟せよ」などと訓戒した。

徴兵検査
身体検査を受ける青年たち。
提供：Alamy／アフロ
ジョルジュ・ビゴー作（1899年）

台湾出兵・江華島事件

　日本は近代の始まりとともに、近隣国への軍事的干渉を強めていきます。1874年、台湾に漂着した琉球の人びとの殺害事件を理由に台湾に出兵し、琉球が日本の領土であることを清国に示しました。また朝鮮に対しても、1875年に江華島で日本の軍艦が朝鮮側を挑発して戦闘に至ると、日朝修好条規を結ばせて開国させました。

台湾出兵を指揮した西郷従道と投降した台湾先住民たち
日本は台湾に3000人の兵士を出動させ、台湾先住民を制圧した。これが近代日本最初の海外派兵となった。
提供：毎日新聞社（1874年）

日本初の国産軍艦「清輝」
軍艦「清輝」は官営横須賀造船所で建造され、1875年３月に進水式が行われた。「清輝」は帝国海軍による初めての国産軍艦となった。
提供：毎日新聞社

足尾銅山鉱毒事件

　富国強兵政策は、産業の近代化とともに深刻な環境問題を引き起こします。軍事需要を背景に日本最大の銅採掘場となった足尾銅山では、鉱毒ガスと酸性雨で山々の樹木が枯死し、さらに洪水や土壌汚染により農作物と人体に深刻な被害がもたらされました。被害を受けた住民たちは企業や政府に対策を繰り返し訴えましたが改善されることはなく、複数の村が廃村に追い込まれました。

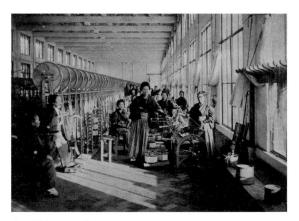

富岡製糸場と工女たち
1872年開業の日本初の本格的器械製糸工場。工女たちが紡いだ生糸は、外貨獲得の主力製品として、日本の近代化を支えた。
提供：東京国立博物館

大日本帝国憲法と天皇制──天皇主権国家のはじまり

　19世紀後半、西欧諸国をモデルに非西洋圏のオスマン帝国や清国、朝鮮などでも立憲主義が模索されます。日本では1870年代から1880年代に自由民権運動が展開され、民間の憲法草案のなかには共和制や女性参政権を定めた案も生まれました。しかし、日本政府はドイツ帝国をモデルに憲法作成を急ぎ、天皇を主権者、国民を天皇の臣民とする天皇大権を定めた大日本帝国憲法を発布しました。

岸田俊子の演説「函入娘」

私の造らんと欲する函は、形ちある函に非ずして形ちなきの函で御座ります。……不自由なる函は早く破りてしまはねばなりません。

「公判傍聴筆記」『日本立憲政党新聞』（1883年11月15-22日）

自由民権運動・岸田俊子と生徒たち
自由民権運動の「女弁士」として人気を博した岸田俊子は、「函入娘」を演説して警察に拘引された。
提供：フェリス女学院歴史資料館

近代公娼制度と家制度
——身体を管理される女性たち

　大日本帝国憲法下の日本は国家が買春を支え、性売買が浸透した社会でした。芸娼妓解放令（1872年）は芸娼妓たちの解放と同時に、自分の意志で性を売るという新たな論理を生み出します。しかし一方で国家は「公娼」制度を創出し、女性にのみ性病検査を義務づけ、府県・警察の管理下に置きました。女性を法的に自己決定ができない者と位置づけた明治の家制度*のもとで、家父長が業者と交わした娼妓稼業契約によって女性は人身の自由を奪われます。公許である遊郭は、軍隊の駐屯地や鉄道沿線、植民地などに置かれました。

＊家制度
明治民法（1898年成立）は家制度を定め、女性の権利を著しく制限した。婚姻には戸主の同意が必要となり、婚姻すれば妻は夫の家に入ることとなった。また妻の財産は戸主が管理すること、家督相続は長男を優先することなども定められた。

吉原遊郭で遊女をひやかす兵隊たち
客が表通りから格子越しに相手を選び、登楼する張見世は、大正初めまで見られた。
提供：毎日新聞社（1890年）

帝国日本の形成

日清・日露戦争は、台湾や朝鮮などの勢力圏をめぐる戦争でした。
植民地化はそれぞれの地域に何をもたらしたのでしょうか。

日清戦争と朝鮮・台湾
——アジアにおける植民地帝国の誕生

　1894年、朝鮮で甲午農民戦争*が起こると、日清両国は朝鮮に派兵します。しかし鎮静後も日本は撤兵を拒み、朝鮮王宮を占領、さらに清国軍を攻撃して日清戦争を始めました。再蜂起した東学農民軍を鎮圧した日本軍は優勢のうちに朝鮮から清国領土内に侵入し、翌年4月、下関条約が結ばれて講和が成立します。日本は賠償金の獲得に加え、台湾・澎湖諸島などを領土としたことで、アジアにおける初めての植民地帝国となりました。

*甲午農民戦争
朝鮮の民衆宗教・東学による大規模な農民反乱。「人乃天」を掲げて万民平等の理念を説く東学は、朝鮮の民衆から広く支持された。

新しく誕生した帝国（日本）を取り囲む列強を描いた風刺画
提供：アメリカ議会図書館（1895年）

日清戦争における砲撃の光景
旅順の西方、方家屯付近での日本軍山砲中隊による砲撃の光景。
提供：毎日新聞社（1894年）

台湾征服戦争

日清戦争では、日本軍は台湾の植民地化に抵抗する抗日義勇軍とも戦いました。割譲後の台湾では住民の抵抗運動が起こり、アジア初の共和国である台湾民主国が建国されます。これに対し、日本は台北を軍事占領して台湾総督府を設けましたが、抗日義勇軍の強い抵抗は続きました。沿海部の漢人居住地区の占領後も、山岳地帯の先住民をはじめゲリラ的抵抗は1910年代半ばまで続きました。

日清戦争の勝利を祝う凱旋門
東京・日比谷に作られた凱旋門。
提供：毎日新聞社（1895年）

抗日蜂起・噍吧哖（タパニー）事件の被告たち
台湾占領後も抗日蜂起が続けられたが、噍吧哖事件（1915年）を最後に漢人たちの武装抗日運動は鎮圧された。
提供：国立国会図書館
台湾総督府法務部編『台湾匪乱小史』（1920年）

台湾警察駐在所
総督府は台湾全島に警察署を設置し、抗日勢力の弾圧を図った。
提供：立命館大学図書館
仲摩照久編『日本地理風俗大系（15）』（新光社、1931年）

義和団戦争──「扶清滅洋」を掲げて

日清戦争の対日賠償金を清国が列強から借り入れたため、列強は清国への経済的進出を強めます。これに対し山東省（さんとう）では「扶清滅洋（ふしんめつよう）（清朝を助けて西洋を討ち滅ぼす）」をとなえる義和団が勢力を強め、北京の各国公使館を包囲しました。清国政府は義和団と協力して連合軍を攻撃しましたが、増強された連合軍は北京を占領し、義和団を排除します。1901年、清国は列国と「北京議定書」を締結、多額の賠償金を支払うとともに各国に華北各所の駐兵権を認めました。

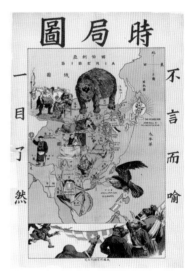

覚醒しない清国を描いた風刺画
列強各国の侵略に晒されるなか、危機感を感じていない清国を描いている。
提供：アメリカ国立公文書館（1902-1903年）

紫禁城に入城する連合国軍
義和団戦争に勝利した8カ国連合国軍（英・独・露・仏・米・日・伊・墺）の紫禁城入城式。日の丸など各国の国旗が見える。
提供：アメリカ国立公文書館（1900年）

日露戦争と満洲──拡大する帝国主義

　朝鮮半島と満洲（中国東北部地域）の支配権をめぐり日本とロシアは対立を深め、日露交渉が決裂すると、日本は仁川と旅順のロシア海軍を攻撃して日露戦争を始めました。イギリス・アメリカの支持とロシア国内の政治的混乱に乗じて戦争を有利に進めた日本は、日本海海戦勝利の機会をとらえて講和に向かいます。ポーツマス講和条約で日本はロシアから樺太（サハリン）南半分の割譲と旅順・大連の租借権、長春以南の鉄道とその付属の利権を譲渡され、関東都督府と南満洲鉄道株式会社を設置してこれら清国領土の利権を管理・経営しました。

砲撃訓練をする日本海軍
バルチック艦隊に備えて、6インチ速射砲の砲撃訓練をする様子。
当館所蔵
『日露戦役海軍写真帳』（小川一真出版部、1905年）

サハリン島から追われるロシア人たち
日本軍がサハリン島を占領したため、同島在住のロシア人たちはロシアへの帰国を余儀なくされた。
提供：北海道大学スラブ・ユーラシア研究センター（1905年）

南満洲鉄道株式会社 建設された長春駅
国策会社としての満鉄は、鉄道・炭鉱事業を中心に発展したほか、満洲事変の際は軍隊の輸送などにも協力した。
提供：毎日新聞社（1913年）

非戦論とナショナリズム

　日露戦争中には、与謝野晶子が「君死にたまふことなかれ」を発表し、『平民新聞』は人道主義・戦費のための増税反対を主張しました。また、トルストイと安部磯雄の間で反戦メッセージが交わされるなど、後の反戦運動につながる非戦論も社会のなかに広がっていきます。他方、日露戦争後、日本国内では講和条件を不服とする人びとが日比谷焼き討ち事件を起こすなど、排外的ナショナリズムが高まりました。

『平民新聞』
日露戦争反対の論説。
提供：日本近代文学館（1904年2月14日）

韓国併合と朝鮮の統治───朝鮮支配のはじまり

　　日本は「韓国併合」条約を押し付け、大韓帝国（韓国）を滅ぼし、朝鮮半島を自国の領土としました。さらに日本は首都であった漢城を「京城」（現在のソウル）と改称し、そこに統治機関としての朝鮮総督府を設置します。朝鮮総督府は日本人の憲兵が警察の任務を兼任する憲兵警察制度を設け、朝鮮語の新聞・雑誌や集会・結社を厳しく制限するなど、権力と武力で民衆を支配する武断統治を実施しました。また土地調査事業を進めて、多くの朝鮮人農民から土地を奪いました。

朝鮮義兵

　　日清戦争後、韓国はロシアとの関係を強化していきました。これに対して日本公使らは朝鮮王宮に侵入し、親ロシア政策を主導していた閔妃（明成皇后）を殺害します。この事件は朝鮮の人びとに強い衝撃を与え、各地で抗日義兵闘争が始まりました。その後も1905年に統監府が置かれると、韓国全土でそれに反発する動きが強まり、解散させられた韓国軍の軍人たちも合流して組織的な抗日義兵闘争が展開されました。

軍事訓練に向かう臨時朝鮮派遣隊
当館所蔵

土地調査事業
日本は1910年より朝鮮の土地調査を行い、所有権帳簿を作成した。これにより慣習的に認められてきた土地の耕作権を奪われる農民が相次いだ。
提供：京都大学人文科学研究所
『朝鮮土地調査事業報告書』（朝鮮総督府臨時土地調査局、1918年）

朝鮮総督府庁舎
1926年に完成した朝鮮総督府の庁舎の全景。朝鮮の王宮だった景福宮の正面に建てられた。
提供：毎日新聞社（1935年）

アンジュングン
安 重 根
伊藤博文を銃殺した、朝鮮の独立運動家。抗日の決意の固さを示すため、左手薬指の先を切断していた。
提供：朝日新聞社（1910年）

安重根の「東洋平和論」
西洋の勢力が東洋へ押し寄せてくる災難を、東洋の人種は一致団結し、極力防御してこそ第一の上策である……。それなのにどうして日本は……。

安重根「東洋平和論」（1910年）
統一日報社編、姜昌萬監修『図録・評伝 安重根』（日本評論社、2011年）

第一次世界大戦と戦後の変化

第一次世界大戦後、国際的な平和秩序、
民族自決、女性の権利への要求が高まります。
世界各地で人びとはどのような願いを掲げて
行動したのでしょうか。

日本軍軍人とパラオの住民たち
第一次世界大戦で日本は旧ドイツ領の南洋群島を委
任統治下に置いた。
提供：東京大学理学図書館
海軍省編『南洋占領地写真帖』（1920年）

第一次世界大戦と日本──未曽有の大量殺戮

　ボスニアで起きたオーストリア皇太子暗殺事件をきっかけに、オーストリア＝ハンガリー・ド
イツ・オスマン帝国などの同盟国側とロシア・イギリス・フランスなどの協商国（連合国）側と
の間で戦争が始まりました。日米の参戦や植民地からの動員などにより、戦場はヨーロッパから
アフリカ、中東、アジアにまで広がり、世界大戦となります。戦争では戦車・航空機・潜水艦に
よる爆撃、毒ガスや強大な爆薬など近代技術が本格的に用いられたことで、軍人のみならず民間
人にも多大な被害を出しました。

日独青島戦
第一次世界大戦に参戦した日本軍が、青島（チンタオ）のドイツ海軍基地付近を砲撃する様子。
提供：World History Archive/ニューズコム/共同通信イメージズ（1914年）

総力戦のはじまり

第一次世界大戦は、人的・物的資源のすべてを戦争遂行のために動員する総力戦という形態をとったことに特徴があります。長引く世界大戦は男性の労働力不足を招き、女性は子どもを産み育てる役割に加え労働力を補うことを期待されました。こうした大戦中の女性たちの様々な職場への進出は、戦後、欧米諸国の女性参政権運動へと発展していきます。

ロシア革命とシベリア戦争

食糧不足のロシアでは停戦を求める動きが強まり、1917年に皇帝を退位させるロシア革命が起きました。レーニンらの打ち立てたソビエト政権は社会主義体制の拡大を目指しましたが、社会主義革命の波及を恐れた英米仏日は、連合軍をシベリアに派兵して、軍事介入を行いました。

第一次世界大戦のプロパガンダ・ポスター『きみたちはこのなかにいるか』
第一次世界大戦中、各国で総力戦への参加を呼び掛けるプロパガンダ・ポスターが量産された。
提供：World History Archive/ニューズコム/共同通信イメージズ（イギリス、1915年）

シベリア戦争
マルシェフスキー村で日本軍・河村討伐支隊が没収した銃器。
提供：読売新聞社（1919年）

国際協調体制——戦争違法化を目指して

戦争の惨禍は平和への志向をもたらします。第一次世界大戦の講和条約・ベルサイユ条約では、戦争という手段に訴えず国際紛争を平和的に解決するために、国際連盟という国際機関が作られました。また1922年のワシントン会議と1930年のロンドン会議で、海軍軍縮を目的とした条約が採択されました。さらに1925年にはロカルノ条約、1928年にパリ不戦条約[*]が締結され、これまで合法とされてきた戦争行為が国際法的に禁止される画期となりました。

＊パリ不戦条約
パリ不戦条約で締約国は、「国際紛争解決のために戦争に訴えることを非難し、……国家政策の手段として戦争を放棄すること」（第1条）や 「相互間に発生する紛争又は衝突の処理又は解決を……平和的手段以外で求めないこと」（第2条）などを誓った。

ILO憲章

国際労働機関 （ILO） は1919年のベルサイユ条約第13篇によって設立されました。その憲章前文は 「世界の永続する平和は、社会正義を基礎としてのみ確立することができる」 と述べています。労働運動の高まりにも支えられましたが、ロシア革命を目の当たりにして、西ヨーロッパの資本家が危機感を募らせていたことも影響しています。

ワシントン会議
第一次世界大戦後、ワシントンに各国全権が集まり初めての軍縮会議が開かれた。
提供：毎日新聞社（1921年）

民族自決とアジアの民族運動──独立への期待と失望

　1910年代から1920年代にかけては、植民地の人びとにとって新しい時代の始まりでした。ロシア革命による社会主義国の成立は新しい国家のあり方として注目され、アメリカのウィルソン大統領による民族自決の提唱は植民地でのナショナリズムの動きを広めました。列強の植民地であったアジアでは、欧米へ留学したり植民地官僚として養成された現地の青年が共産主義などの新しい考えを吸収し、ガンディーやホーチミンのように民族自決の運動を担っていきました。

「独立万歳」と叫びながら行進する
京城（ソウル）の女学生たち
提供：朝日新聞社（1919年）

中国五・四運動

　パリ講和会議の結果、山東半島のドイツ権益は日本が継承することとなりました。しかし戦勝国の中国にこの決定が伝わると、北京の学生たちは1919年5月4日に抗議デモを行います（五・四運動）。運動は中国各地に飛び火し、商人や労働者も加わる大規模な愛国運動に発展しました。

北京の学生たちの抗議
提供：Pictures From History／ニューズコム／共同通信イメージズ

朝鮮三・一独立運動

　民族自決の国際世論が強まるなか、日本の植民地支配下の朝鮮では1919年3月1日に京城（ソウル）で知識人や学生たちが独立を宣言し、朝鮮の独立を求める運動が全土に広がりました。朝鮮総督府は厳しく弾圧し、おびただしい数の人びとが犠牲になりましたが、この運動によって朝鮮総督府は武断統治を緩める方針転換を余儀なくされました。

三・一独立運動に参加して検挙された学生たち
提供：毎日新聞社

台湾議会設置請願運動と霧社事件

　植民地支配開始直後から住民による武力抵抗が続いていた台湾では、1910年代後半あたりから台湾の自治を目指す政治運動が抵抗の主流となり、1921年以降、台湾議会設置請願運動が展開されます。一方、1930年には台湾中部の山地・霧社で先住民による大規模な抗日武装蜂起が起こり、軍隊と警察による徹底的な弾圧が行われました。

霧社事件
鎮圧に向かう日本の警察官たち。
提供：国立民族学博物館
『霧社討伐写真帳』（共進商会、1931年）

東京に到着した台湾議会設置請願団（第6回）
台湾議会設置請願運動では、1921年から1934年の間に計15回の請願を行ったが、結局台湾の議会設置が実現することはなかった。
提供：中央研究院台湾史研究所（1925年）

帝国と人の移動──内地と外地の移動

　日朝修好条規（1876年）で日本が朝鮮を開国させると、釜山に日本人居留地が形成され、商人を中心に多くの日本人が移住し始めました。日清・日露戦争を経て植民熱は加速し、1910年の韓国併合時には在留日本人は約17万人にのぼり、朝鮮総督府の統治のもと日本人が朝鮮人より優越的な地位につきました。一方、土地調査事業などで土地を失い困窮した朝鮮人農民の多くは、日本や満洲への移住を余儀なくされました。

大阪・築地港に上陸する朝鮮人
1905年に就航した関釜連絡船や「君が代丸」（済州−大阪間、1922年就航）に乗って、多くの朝鮮人が日本に渡航した。
提供：立命館大学図書館
朝鮮総督府編『朝鮮の人口現象』（1927年）

関東大震災と虐殺

　1923年9月1日に関東地方をマグニチュード7.9の地震が襲い、死者・行方不明者は10万人以上に達しました。政府は戒厳令をしき、その下で「朝鮮人が暴動を起こす」などの民族差別に基づく偏見に満ちた流言が広められたため、軍隊・警察や住民により組織された自警団によって数多くの朝鮮人や中国人、さらに日本人の社会主義者や労働運動家が虐殺されました。

竹槍で武装した自警団
提供：毎日新聞社（1923年）

越境する社会運動──連動する世界の社会運動

　第一次世界大戦とロシア革命後、世界各地の民族運動や社会運動は国境を越え、互いに影響を与え合い、活発化しました。日本国内では普通選挙や政党政治を求める政治運動、労働者・農民・女性・被差別部落民の解放と地位向上を求める社会運動が高揚します。また植民地でも民族運動や社会運動が盛り上がり、国際的な反帝国主義運動の一翼を担いました。これに対し日本政府は治安維持法を制定し、社会運動を取り締まりました。

婦人参政権を求めて街頭で運動する女性たち
1925年に男子の普通選挙が実現した一方で、女性たちの政治参加は認められなかった。
提　供：Mary Evans/Library of Congress/共同通信イメージズ

普選運動と女性

　第一次世界大戦後の世界的な民主主義、社会主義思想の影響のなかで、日本では納税額による制限選挙を批判する普選運動が高まりをみせます。1925年に男子普通選挙が実現したことで女性たちは「普選より婦選へ」を掲げて参政権獲得運動を展開しましたが、女性たちが参政権を獲得できたのは、アジア太平洋戦争が終わってからでした。

全国水平社大会で演説する西田ハル
1922年に京都市岡崎公会堂で結成された全国水平社は、部落差別の廃止と人間の尊厳回復を求めた。
提供：朝日新聞社（1925年）

西田ハル 連帯を求めて

従来の歴史は男子の歴史であって、婦人には何物もなかった。然も我々特殊部落の婦人は部落民として且つ婦人として、尚其の上無産者として二重三重の迫害を受けて居るのであります……。

第五回全国水平社大会での西田ハルの発言
「特高秘第236号」（1926年5月2日）

治安維持法

　1920年代に大衆的な社会運動が盛り上がると、政府は集会・結社の自由をいっそう制限し、社会運動を取り締まります。1925年に治安維持法が制定されると、特別高等警察（特高）によって正規の手続きによらない検挙や検束、違法な拷問が行われました。さらに治安維持法の拡大解釈や改正が繰り返されることで、戦時中、社会主義者だけでなく自由主義者や宗教団体など様々な思想や運動が取り締まられました。

治安維持法反対集会
東京・芝で行われた治安維持法反対集会の様子。
提供：読売新聞社（1925年）

山東出兵と反帝国主義運動

　1926年、中国では蔣介石（しょうかいせき）を中心とする国民政府が再統一を図り、各地の軍事政権の一掃を目的とした北伐を開始します。これに対し日本は山東省（さんとう）権益の維持を狙う山東出兵を行いましたが、他方、国内では分裂していた無産団体が戦争反対で一致し、対支非干渉運動を展開しました。

《弾圧に逆襲せよ！》
マス・メディアの統制が強まるなか、新聞紙法や出版法によって『無産者新聞』をはじめ新聞や雑誌の発売禁止処分が相次いだ。
提供：日本近代文学館
日本プロレタリア美術家同盟編『日本プロレタリア美術集』（内外社、1931年）
柳瀬正夢作

植民地ってどんな場所？どんなくらしをしていたの？

戦前の日本は広大な植民地*をもっていました。

なぜ植民地が必要だったのでしょうか。

また、そこでくらす人びとに

どのような影響を与えたのでしょうか。

*植民地
原料や市場の確保のために開発され、本国の支配を受けている海外の地域。

にぎわう歳末の台北（1934年）
台北の街には、日本人が開業した台湾初のデパート・菊元百貨店や総督府庁舎などの近代建築が並んだ。
提供：朝日新聞社

帝国の拡大と人びとの移動

　近代日本は、日清・日露戦争をはじめとする対外戦争を経て、植民地や他民族を支配する「帝国」（植民地帝国）として拡大していきました。帝国拡大の過程では、軍人や官吏をはじめ、商人・教師・労働者・農民など多くの日本人が植民地へと移住しました。また植民地都市の開発や交通機関の発達にともない、日本人による観光も盛んになりました。一方、植民地支配の影響により困窮した朝鮮人が日本や満洲に移住するなど、帝国内ないし植民地間での人びとの移動も増加しました。

日本の植民地支配とアジア太平洋地域

台湾総督に拝礼する先住民たち（1941年）
総督府は警察権力と理蕃政策によって台湾先住民たちを統治した。
提供：朝日新聞社

　日本の植民地支配は、アジア・太平洋地域に、かつてない人の移動を生み出しました。しかし、そうした人びとの国境を越えた出会いは、あくまで植民地のなかの支配と従属の関係を抜きにしてはありえませんでした。日本による植民地支配の歴史は、現代アジアの国際関係やこの地域にくらす個人の人生にも影響を与え続けています。6つの地域の事例を手がかりに、帝国日本のもとに生きた人びとの経験について考えてみましょう。

台湾　半世紀におよぶ日本統治時代

日本統治のはじまり

　1895年から1945年までの半世紀の間、台湾は日本の植民地とされました。植民地となった台湾では、約600万人の台湾人（漢民族や先住民）に対して約40万人の日本人が生活し、台湾総督府の役人・警察官・教員あるいは企業の経営者や社員として台湾人を支配しました。また台湾は、日本が中国南部や東南アジアへ進出するための「南進」の拠点とされました。

砂糖にみる植民地の収奪

　日本は台湾を農産物、とくに砂糖の生産地として期待しました。日本の資本家が中心となり、台湾製糖株式会社などの近代的設備をもつ製糖会社を台湾各地に設立しました。台湾総督府は補助金を与えたり、台湾人農民が作った甘蔗（さとうきび）を安く買える仕組みを作るなどして製糖会社を支援しました。砂糖の生産量は急速に増え、日本が外国から砂糖を輸入する必要がなくなるほど、その多くが日本内地へと移出されていきました。

日本人は二代目を教育しようとした

日本軍はタイヤル族を恐れた。「動物だ」、「野蛮人だ」とね。ただ、タイヤル族の方も流石に日本軍の大砲には驚いた。……日本人はタイヤル族の一代目は反抗心が強いので、二代目を教育しようとした。
出典：菊池一隆『台湾原住民オーラルヒストリー』（集広舎、2017年）
陳振和（チェンジェンホー）さん（1938年生まれ）
タイヤル族の陳さんは、日本統治時代に日本語教育を受け、「泉和夫」という日本名をもっていた。祖父世代は日本軍に対してゲリラ戦で抵抗したが、それ以降は「教育」を用いた統治が広がったという。

台湾糖業図（1920年）
甘蔗の採取区域が製糖会社ごとに色分けされた台湾糖業図。台湾の製糖会社のほとんどが日本資本であった。
提供：国立国会図書館
台湾総督府殖産局『台湾糖業統計』（1920年）

甘蔗畑で働く人びと
製糖業は台湾の基盤産業であり、甘蔗栽培農家は全農家の3分の1を占めていた。
当館所蔵
朝日新聞社編『南方の拠点・台湾』（朝日新聞社、1944年）

誰が喜んで奴隷にされたいのか

甘蔗の耕作は楽ではない。……ああ、苦労しても甘蔗を買えるお金がないことは本当に辛い。……甘蔗の価格は、植えた我々が決めるもので、公平な取引こそ当然だ。……ああ、誰が喜んで奴隷にされたいのか。
出典：「二林蔗農組合甘蔗歌」
李応章（リーインジャン）さん（1897年生まれ）
台湾中西部の二林地区は、台湾農民たちによる農民運動の発祥の地となった。李さんらが始めた蔗農組合の運動は、その後、日本の警察によって弾圧された（二林事件）。

朝鮮 祖国を奪われた人びと

朝鮮半島の植民地化

　1910年の韓国併合条約以降、朝鮮総督府は土地調査事業を進め、所有権があいまいな土地や村の共有地を官有地とし、朝鮮人農民の多くは土地の払い下げを受けた日本人地主などの小作農になりました。日本は19世紀末から慢性的に米不足だったため、総督府は1920年以降、朝鮮産米増殖計画を進めました。しかし、増産分以上の米が日本に移出されたことや、肥料代の重い負担などから生活が困窮し、土地を離れ日本や満洲に移住する朝鮮人農民が増加しました。また1930年代以降になると、日本企業を中心に化学工業や繊維業など工業化が進められ、朝鮮半島は帝国日本を支える役割が期待されました。

朝鮮の農家
植民地朝鮮は日本の食糧・原料供給地とされ、とりわけ日本に移出する朝鮮米の増産が求められた。
提供：国際日本文化研究センター

植民地化にともなう人の移動

　日本の植民地支配のもとで生活に困窮した朝鮮人は、朝鮮半島以外の地に生きる道を求めなければなりませんでした。日本各地に渡った朝鮮人は、1939年の労務動員計画開始以前に約80万人に達し、日本内地で終戦を迎えた在日朝鮮人は強制連行を含めて約200万人にのぼりました。また隣接する満洲に移住した朝鮮人も多く、在満朝鮮人は150万人を超えました。これに対して日本人の移住も進み、敗戦までに約70万人もの日本人が植民地支配や経済活動などのために朝鮮半島へと移住しました。

満洲に移住する朝鮮人
日本の植民地支配下で生活に困窮した朝鮮人のなかには、満洲や日本内地に移住する人も少なくなかった。
提供：立命館大学図書館
山本実彦『満鮮』（改造社、1932年）

朝鮮人は殺されることも覚悟で叫んだ

　わたしの子供のころね。万歳運動というのがあった。三月一日の一時間、朝鮮の独立を考えている人はみなそろって万歳と叫ぶの。日本人がはいってきて、おまわりがはいりこんできて、あのひどい時にどうしてそういうことができたのかふしぎね。でもやった。みんな「マンセー、マンセー」（万歳、万歳）って叫んだ。朝鮮人は殺されることも覚悟で叫んだ。その気持わたしはわかる。わたしはその時子供でわからなかったけれど、おとなになって、みながそのこと話すようになった時、わたしは泣けたね。その気持、朝鮮人でなければ本当はわからないね。
出典：むくげの会編『身世打鈴──在日朝鮮女性の半生』（東都書房、1972年、43頁）

イ・ジョンスンさん（1910年生まれ）
日本人に農地をとられた父親が「日本に行けば食える」と言い出し、1929年、イさんは日本語もわからないまま日本に渡った。戦後、イさんは日本で生まれ育った自分の子どもたちに「朝鮮の心」を忘れてほしくないと願っていた。

日本窒素肥料興南工場
日本窒素肥料株式会社（熊本県水俣）の進出により、
興南には世界屈指の大規模コンビナートが形成された。
提供：立命館大学図書館
日本窒素肥料編『日本窒素肥料事業大観』（1937年）

もちろん帰りたかった

家は農家でした。日本軍に田畑を取り上げられたと聞かされました。日に一度のごはんも食べられず、夜逃げするように日本へ来たんです。両親と妹、弟と五人。私が八歳のときでした。叔父が家から馬山の駅まで、おんぶしてくれました。駅の近くの居酒屋で、父と叔父が酒をくみ交わしながら泣いていました。……〔戦後は〕もちろん帰りたかった。でも、お金がありません。向こうにも生活できる家や土地はありませんでした。
出典：朝日新聞社編著『イウサラム（隣人）——ウトロ聞き書き』（議会ジャーナル、1992年）

文光子さん（1920年生まれ）
戦時中、文さん一家はウトロ（宇治）の飯場に移り住み、飛行場の建設に従事した。文さんには戦後になっても、朝鮮半島に故郷と呼べる場所はなかった。

韓国の名前では誰だかわからない

姓を変えるなど、家系を尊重する朝鮮ではとても承服しがたいことだった。最高の悪口が「名字を変えろ」なのだから、それももっともなことだ。だが、総督府が権力で強要するのだから、抵抗してみても無駄だった。……私の同窓生は会えばいまも日本名で呼び合わなければならないという笑うに笑えない状況だ。韓国の名前ではお互い誰だかわからないのだ。だからいまでも、牧野さん、水原さん、高山さんと呼んでは、そのたびになんともいえない感情を味わっている。
出典：羅英均著、小川昌代訳『日帝時代、わが家は』（みすず書房、2003年、152、153頁）

羅英均さん（1929年生まれ）
羅さんは、京畿女子高等学校の同級生たちの名前を日本名でしか知らない。学校では日本語の「常用」が強制され、友人と朝鮮語を話すと罰が与えられたという。

京城の東洋拓殖株式会社本社
東洋拓殖株式会社は、朝鮮総督府の土地調査事業で払い下げられた官有地に日本人農民を移住させる事業を担った。
提供：朝日新聞社

自分の国のことばを使うことさえ罪になった

苦しい生活の中でも、村の人たちは自分の国のことを勉強しようと話しあいました。……日本人がいばればいばるほど、日本人にいじめられればいじめられるほど、自分たちは朝鮮人なんだという気持がつよくなるものです。……夜になると集って朝鮮語の勉強をするんです。もちろんそんなこと見つかったら大変ですから、日本語の勉強するようなふりしてやったわけです。そのころ、わたしたち自分の国のことばを使うことさえ罪になったんですから。
出典：むくげの会編『身世打鈴——在日朝鮮女性の半生』（東都書房、1972年、109頁）

クォン・ソンヒさん（1925年生まれ）
済州島で生まれ育ったクォンさんは、貧困のため子どもの頃から昼夜ともに働いていた。そうしたなかでもクォンさんは、朝鮮語や朝鮮の歴史について学ぶ姿勢を忘れることはなかった。

南 樺太　繰り返された民族の移住と追放

移住と追放の地

　サハリン島（樺太島）の樺太アイヌをはじめとする様々な民族は、樺太・千島交換条約や20世紀前半の三度の戦争（日露戦争・シベリア戦争・日ソ戦争）の結果、日本とロシアの間で何度も国境線が移動したことで、たびたび移住と追放を余儀なくされました。1905年のポーツマス条約でサハリン島の北緯50度線以南が割譲されたことで、日本の植民地・南樺太が成立しました。日本は同地のロシア住民をほとんど追放して、新たに日本人や朝鮮人を移住させました。同地では漁業、パルプ・製紙業、石炭業などが発展し、居住人口は最盛期には40万人に達しました。

サハリン島の戦後

　1945年の日ソ戦争で南樺太はソ連の軍事支配下に置かれました。同地から大多数の日本人や少数民族などが追放された一方で、朝鮮人の多くは戦後も長らく残留を余儀なくされました。また1951年のサンフランシスコ平和条約で日本は南樺太の領有権を放棄しました。樺太アイヌの人びとは未だに自分たちの先住地に戻れない状況が続いています。

王子製紙豊原工場
樺太庁は豊富な森林資源に目をつけ、王子製紙など民間パルプ工場の誘致を進めた。
提供：拓殖大学旧外地関係資料
『樺太写真帖』（樺太庁、1936年）

使うによかったから

アイヌ系の人だの、ギリヤークの人たちだども、この人たちは日本人にくらべると、いじめられてあったスね。たとえば、わたしらだったら、一日頑張って働けば一〇〇円になるところを、三〇円もやればどうっと人が来るものな。……しかも、カネをやるのではなく、品物をやるったもの。酒っこの一本もやれば、一〇日くらいもいい気になって働いてあったものだスよ。それで使うによかったから、いいもんであったべなァ。
出典：野添憲治『樺太（サハリン）が宝の島と呼ばれていたころ——海を渡った出稼ぎ日本人』（社会評論社、2015年）

佐々木計介さん（生年不明）
秋田県の農家に生まれた佐々木さんは、仕事を求めて樺太に出稼ぎに向かった。8年間過ごした樺太では、朝鮮人や樺太アイヌなどとともに、王子製紙の下請けで丸太の伐採などを行った。

蟹の陸揚げ
出稼ぎや移住者として樺太に来た日本人や朝鮮人は、漁業や炭鉱業に従事する者も多かった。
提供：拓殖大学旧外地関係資料
『樺太写真帖』（樺太庁、1937年）

「対雁の碑（供養塔）」に集う樺太アイヌの人びと（1891年8月8日）
対雁に移住させられた樺太アイヌ。慣れない土地で、コレラと天然痘によって半数近い住民が亡くなった。
提供：廣間山眞願寺

45年たってしまった

私に「徴用」という書類が来たのですが、いやで逃げたら、今度は兄に来てしまったのです。その時、兄には妻と息子がおり、生活も大変になるということで、わたしが兄の名前で身代わりに行きました。……日本人の引揚げる時の、「先に引揚げて朝鮮人が帰れるようにする」という言葉を信じてきました。しかし、今日か明日かとの思いで、45年たってしまったのです。
出典：伊藤孝司『写真記録 樺太棄民──残された韓国・朝鮮人の証言』（ほるぷ出版、1991年）

裵龍権さん（1920年生まれ）
戦後、樺太残留朝鮮人の一人となった裵さんが、故郷の大邱に一時帰国できたのは、徴用から45年経ってからのことだった。

ぼわれぼわれてな

日本からね、ぼわれて、ぼわれてね、北海道だ、樺太だって逃げていったんだからね。だからアイヌに文字ないっていうもね。文字作る暇もねえのさ。研究する暇もないのさ。ぼわれぼわれてな。
出典：藤村久和・若月亨編『ヘンケとアハチ──聞き書き樺太での暮らし、そして引き揚げ』（札幌テレビ放送、1994年、67頁）

西平喜太郎さん（1899年生まれ）
西平さんは子ども時代から働きに出ていたため、弟の教科書をときどき借りて勉強した。だが「シャモ（日本人）」たちが語る日本の歴史と、自分たち樺太アイヌが語り継いできた歴史との隔たりを強く感じたという。

樺太先住民のニヴフ
サハリン島は、ウィルタやニヴフ、樺太アイヌなどのいくつかの民族が先住していた土地だった。
当館所蔵

南洋群島　帝国支配に翻弄された島々

植民地の開発

　第一次世界大戦に参戦した日本は、赤道以北のドイツ領ミクロネシアを「南洋群島」と名づけて占領し、1922年からはパラオに南洋庁を置いて国際連盟の委任統治領として統治しました。最初に大規模な開発が行われたのはサイパン・テニアン・ロタです。半官半民の南洋興発株式会社がこれらの島を台湾に次ぐ砂糖の島に変貌させました。1930年代半ば以降は、国策会社の南洋拓殖株式会社が資源豊かな東南アジアに近接するパラオを「南進」の拠点とする開発を進めました。

パラオの木工徒弟養成所
南洋庁は椰子の木や葉で建てた南洋の伝統家屋は「非衛生的だ」として、現地の青年に近代的な建築・木工技術を習得させようとした。
提供：立命館大学図書館
南洋庁編『南洋群島寫眞帖』（南洋協會南洋群島支部、1932年）

支配と被支配のはざまで

　1942年当時、南洋群島には現地住民5万2000人、日本人8万6000人、朝鮮人6000人、外国人98人がくらし、日本人のうち5万人は沖縄出身者でした。南洋興発が甘蔗栽培に慣れた沖縄出身者を積極的に募集したからです。次第に「一等国民 内地人、二等 沖縄人、三等 朝鮮人、四等 島民（現地住民)」とする見方が広まり、沖縄と朝鮮の人びとは差別されつつ差別する複雑な立場に置かれました。1944年には日米両軍が群島全域を戦場にしたため、多くの人が犠牲になりました。

南洋興発のテニアン製糖工場
南洋興発のテニアン製糖工場は、農場で甘蔗が収穫される製糖期になると、夜間も休まず稼働した。
提供：島根大学附属図書館
『我等が海の生命線——南洋諸島写真帖』（細川写真館）

勝手すぎるじゃないか。希望の土地はここだけだ

ロタは何百年もかかって村をつくった。……ところが南洋庁は現地の人追っぱらって、南洋庁のもの（官有地）にしてしまった。その土地を南洋興発が使っていた。ロタは土壌が浅くあまりいい土地ではなかった。現地の人が昔から使っていた所だけはいい土地で、米を作る水田もあった。……〔南洋庁は現地住民を〕土地の悪いタタチョに移させた。ここは塩水が出て大変なところだった。南洋庁から「家を壊して跡地を整理しろ」と命令された。その時が一番悲しかった。……「勝手すぎるじゃないか。希望の土地はここだけだ」と、初めはみんなで反対して訴えた。だが測量員たちは、「三等国民のくせに抵抗するのか」と棒でなぐりつけた。

出典：石上正夫『日本人よ忘るなかれ――南洋の民と皇国教育』（大月書店、1983年、92頁）

フィリップ・メンディオラさん（1911年生まれ）
ロタ島の先住民族チャモロのメンディオラさん一家は、南洋庁から無理やり立ち退きを命じられた。

サイパンのチャモロの一家
マリアナ諸島先住民チャモロは、スペイン時代に苛烈なカトリック布教政策を受け、西洋風の生活様式を取り入れていた。
提供：立命館大学図書館
南洋庁編『南洋群島寫眞帖』（南洋協會南洋群島支部、1932年）

沖縄の人がとにかく多いんですよ

遊ぶのは沖縄の人しか集まらない。当時は、ヤマトゥーとかね、ナイチャーとか言いよったわけ。子ども心でね、そういう方々とはちょっと距離を置いてね…朝鮮の人、いましたよ。向こうは、第一が内地の方、第二が沖縄の人、第三が朝鮮人、第四が現地人と言ってね。沖縄の人がとにかく多いんですよ、だから内地の人とも喧嘩するし、「朝鮮人馬鹿にするな」って言われたことあるんですよ。

出典：森亜紀子『複数の旋律を聞く――沖縄・南洋群島に生きたひとびとの声と生』（新月舎、2016年）

知念正光さん（1933年生まれ）
子どもたちの世界にも、内地出身者・沖縄出身者・朝鮮人・島民との間に序列があると感じ取られていた。知念さんも、同じ学校に通う内地出身や朝鮮出身の子どもたちとは親しく交わらなかったという。

甘蔗の刈り取り競技会
南洋興発は、琉球王国時代に発案された「原勝負」という制度を持ち込み、甘蔗刈り取りの速さを競わせていた。
提供：那覇市歴史博物館
南洋興発株式会社編『南洋興発株式会社開拓記念写真帖』（細川写真館、1932年）

誰がこのわたしの足を傷つけたのか

わたしは足を傷つけられ、大量の出血をした。死にそうになったのだ。誰がこのわたしの足を傷つけたのか、誰が治してくれるのか、いったい誰なのか……戦争が始まると、穴を掘って、穴の中に隠れていた。隠れていた穴の近くで爆弾が爆発した。死にかけたんだ。この足から血が吹き出した。幸いわたしは生きながらえたが、隣にいた老女が死んだ。隠れていた穴に米兵が近づいてきて、俺はアメリカの医療船に運ばれた。歩くことができず、身動きもできない状態だった。

出典：竹峰誠一郎『マーシャル諸島　終わりなき核被害を生きる』（新泉社、2015年、157、158頁）

クニオ・ジョセフさん（1937年生まれ）
エニウェトク（ブラウン）環礁にて日米地上戦に巻き込まれたジョセフさん。エニウェトクはその後、アメリカの核実験場となった。

満洲 「王道楽土」「民族協和」の現実

満洲と日本人

　20世紀初め頃の満洲には、中国人・朝鮮人・日本人・ロシア人・先住民族など多民族がくらしていました。人口の大部分を中国人が占めていましたが、満洲事変以降、日本人の移住が本格化し、1945年時点で約155万人に上りました。その多くが南満洲鉄道株式会社（満鉄）をはじめとする企業の社員・技術者、中小商工業者、官吏など都市生活者でしたが、農村部にも約27万人の満蒙開拓団の人たちが入植しました。

大連の満鉄本社
大連は、満鉄本社をはじめ、官庁・企業・ヤマトホテルなどが建設されたほか、大豆の貿易港として発展した。
提供：朝日新聞社

何ひとつ声をかけたりしなかった

苦力〔中国の出稼ぎ労働者〕たちは真っ黒な集団であった。苦力たちは一様に見えた。……初めて強烈なカルチャーショックに驚いた少年たちの耳に、無責任な知識が吹きこまれる。「彼等は一生に三度しか風呂に入らない。一度は産湯、二度めは結婚のとき、最後は湯灌」だと。かくして無知な一等国の少年に選民意識が生まれ、差別に鈍感な気風が生じてくる。……私は、彼らを満人と称して一括りにし、一人ひとりの個人として認めることもなく、何ひとつ声をかけたり交流することもなかった。
出典：村尾孝『萱草の花野の果てに』（2012年、54、56、57頁）

村尾孝さん（1929年生まれ）
村尾さんは16歳のとき、拓殖科の学生として満洲の農場で実習を行っていた。
引揚げ後、あのとき「選民意識」に囚われて、現地の中国の人たちと交流しなかったことを悔んだ。

撫順炭鉱
1907年以降満鉄が経営した東アジア最大級の撫 順炭鉱は、満洲の重工業の代表的存在であった。
当館所蔵

満蒙開拓団

　満蒙開拓団は、過剰人口に苦しむ日本農村の救済策として、あるいは満洲国の国防・食糧増産など多様な政策意図のもと国策として推進されました。村ぐるみの分村移民が奨励され、日本全国の村から移民が送出されています。入植地では、日本人移民が地主として中国人を使役する立場になりました。しかし、敗戦前後にはソ連軍の攻撃など現地の混乱もあり約8万人が亡くなりました。また、推定で1万人を超える中国残留孤児・残留婦人と呼ばれる人びとを生み出すことになりました。

満蒙開拓団の家族
満蒙開拓団員に嫁ぐために渡満した女性は「大陸の花嫁」と呼ばれた。
当館所蔵
『朝日グラフ』（1938年9月20日）

移民用地調査団
入植に先立ち、東亜勧業と関東軍による移民用地の調査・買収が進められた。のちに後身の満洲拓殖公社が担当した。
提供：満拓会『あゝ満拓──満州拓殖公社写真集』（1987年）

私は強い屈辱を感じた

　学校には佐久間という地理の日本人教師がいた。彼は授業中に「支那は土地が広く物が豊富であるが、『支那人』は愚昧であるから、農業が発達せず、生産量も低い。それに対して大和民族は世界で最も優秀である」と言った。さらに「日本は山を切り開いて段々畑を開き、水を山の上まで引いて水田を開いた。日本人は白米を食べ、支那人はトウモロコシやコーリャンを食べるのは当然だ。日本ではトウモロコシやコーリャンは牛の飼料である」とも言った。私はこのことを聞くと、怒りで顔が赤くなり、耳がほてり、強い屈辱を感じた。
出典：斉紅深編著、竹中憲一訳『「満州」オーラルヒストリー』（皓星社、2004年、13頁）

劉 文国さん（1922年生まれ）
旅順高等学校に通っていた劉さんは、こうした日本人教師の屈辱的な発言に反発を覚え続けた。

東 南アジア
「大東亜共栄圏」 終わらない支配と収奪

日本の占領がもたらしたもの

19世紀より欧米の植民地支配が本格化した東南アジアは、アジア太平洋戦争期になるとタイをのぞく全域が日本に占領されました。日本は石油・ゴムなどの戦争資源を確保するために、欧米の植民地支配の仕組みを利用しながら各地で軍政をしきました。日本による占領のもとで、東南アジアでは、労務者（ロームシャ）や食糧の供出が強いられ、飢餓や虐殺、戦災などによって、650万人以上の人びとが亡くなりました。東南アジアの占領には軍官民合わせて約165万人にも及ぶ日本人が関わり、台湾や朝鮮からも多数動員されました。

「独立」を求め続けて

東南アジアではすでに20世紀初頭から、欧米の植民地支配からの解放を求めて、独立運動が開始されます。第一次世界大戦後の「民族自決」の機運のなかでは、自治や脱植民地化にむけた一定の進展もみられました。このように長年続けられた民族独立運動の延長線上に、1943年に日本もフィリピンとビルマ（ミャンマー）に形式的な「独立」を認めざるを得なくなりました。日本の占領下では、将軍アウンサン率いるビルマ国軍など、東南アジア各地で日本への協力と抵抗のはざまで、真の「独立」が模索され続けていました。

パレンバンの精油所
欧米資本が開発したアジア屈指の設備と規模を誇るパレンバン精油所を、日本軍は石油を確保するために占領した。
提供：立命館大学図書館
『パレンバンの医療団』（久留米大学図南会、1968年）

南方資源鳥瞰図
東南アジア地域で産出される鉱物や、生息する植物・動物などの資源が図示されている。
当館所蔵
「南方資源鳥瞰図」（同盟写真特報社、1942年）

占領後のシンガポール
シンガポールは占領後「昭南島」と改称され、街には日の丸が掲げられた。
提供：共同通信社

フィリピンの日本語教育
軍政支配下の東南アジアでは日本語教育が行われ、日本語教師も送り込まれた。
提供：東京大空襲・戦災資料センター

日本人は知っているのかしら？

あの時代ほど命が軽かったことはないと思う。日本兵はフィリピン人をとっても簡単に殺したよ。夫もそうよ。何の罪もないのに、たぶん拷問の末に殺されたのよ。あんなに悲しく苦しい時代を、日本人は知っているのかしら？　……あの頃、フィリピン人の命は犬か猫ぐらいにみられていたの。

出典：石田甚太郎『ワラン・ヒヤ──日本軍によるフィリピン住民虐殺の記録』（現代書館、1990年、364頁）

アデーラ・アルマリオさん（生年不明）
日本軍5人に連行されたアルマリオさんの夫は、そのまま二度と帰ってくることはなかった。

死への理由づけが見あたらなかった

祖国が独立し歓喜に溢れているのに、捕虜を虐待した罪で死刑になるとは!! ……死への理由づけが見あたらなかったのです。日夜を問わず悩みつづけました。日本人戦犯は、良し悪しは別として、自分の国のために死んでゆくんだという心の寄りどころがありましたが、私にはそれさえ求めることができなかったのです。

出典：内海愛子ほか編著『泰緬鉄道と日本の戦争責任』（明石書店、1994年）

李鶴来さん（1925年生まれ）
泰緬鉄道で働く捕虜の監視員だった李さんは、戦後BC級戦犯として死刑判決を受けた。植民地支配を受けた「朝鮮人」でありながらも、「日本人」として自らが振るってきた暴力とのはざまで、葛藤を抱え続けた。

泰緬鉄道建設中のロームシャ
タイとビルマを結ぶ泰緬鉄道の建設は過酷を極め、動員されたアジア人労務者や連合国軍捕虜の多くが命を落とした。
提供：毎日新聞社

植民地の観光

　植民地の獲得は旅行先の拡大を意味しました。日本と植民地を結ぶ船舶や鉄道が整備され、観光目的で植民地を訪れる人びとが増加します。日本では1912年に旅行斡旋機関（ジャパン・ツーリスト・ビューロー）が設立され、割引切符の販売や旅行情報の提供に力を入れました。とくに満洲は修学旅行先としても人気があり、多くの学生が現地で見聞きしたことを書き留めています。このように植民地は、日本の軍人・官僚・経済人・移住者だけでなく、観光客も訪れる場所だったのです。

日本−台湾間の定期航路船・蓬莱丸（台湾・基隆港、1930年）
提供：立命館大学図書館
仲摩照久編『日本地理風俗大系（15）』（新光社、1931年）

満洲旅行の栞
（南満洲鉄道株式会社、1935年）
当館所蔵

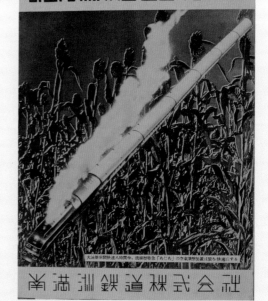

東京発・釜山経由・安東行きの乗車券（1934年）
当館所蔵

P 十五年戦争

満洲事変と
ファシズムの席捲

満洲事変後、日本は中国大陸に軍事的・経済的に進出し、
いわゆる「十五年戦争」に突入します。
第一次世界大戦後の国際協調体制の崩壊は、
どのような亀裂から生じたのでしょうか。

富士瓦斯紡績川崎工場の労働争議
労働争議中、抗議のために煙突に登る
男を見守る人びと。昭和恐慌下では各
地で労働争議が相次いだ。
提供：共同通信社　日本電報通信社撮影
（1930年）

世界恐慌───揺れ動く国際協調体制

　　1929年の株価暴落による金融危機をきっかけに、アメリカは
深刻な不況に見舞われました。ヨーロッパ諸国も、第一次世界大
戦後の復興をアメリカ資本に依存していたため打撃を受けます。
恐慌は欧米の植民地をも巻き込みつつ世界へと広がり、日本も昭
和恐慌と呼ばれる経済危機に見舞われました。

イタリア・ドイツのファシズム政権
───ヨーロッパにおけるファシズムの拡大

　　第一次世界大戦後、ヨーロッパは深刻な政治的・経済的危
機に見舞われました。とりわけ近代国家の形成が遅く、経済
的基盤が弱かった国々では、インフレや失業、貧困などに人
びとが苦しみます。こうした状況を受け1920年代以降、イタ
リアやドイツでは強力なリーダーシップをもつ独裁者が反議
会制民主主義と反共産主義を掲げて登場し、国籍や思想が異

日独防共協定を祝う神戸ドイツ学院
提供：朝日新聞社（1936年）

なる人びとを暴力的に排除しなが
ら政策を進めるファシズム政権が
次々と誕生しました。

《新しい黒いペスト菌の保菌者》
ファシズム・スターリニズムの全体主義が世界
の半分を覆っていることを示したアメリカの風
刺画。ヒトラー、ムッソリーニ、昭和天皇など
の顔が並んでいる。
提供：コーネル大学図書館
ウィリアム・コットン作（1938年）

反ファシズム人民戦線の成立

　拡大するファシズムに対し、共産主義者と社会民主主義者が連携した反ファシズム人民戦線の結成が各国で進みます。1936年にはスペインとフランスで人民戦線内閣が誕生し、コミンテルン第7回大会でも統一戦線戦術が採択されます。しかし内部対立や内政干渉によって長続きせず、日本でも政府に弾圧され（人民戦線事件）失敗に終わりました。

スペイン内戦*に参加する人民戦線政府軍の女性たち
提供：公益財団法人新聞通信調査会

＊スペイン内戦
1936年に成立した人民戦線政府に対して軍部がクーデターを起こし、内戦となった。1939年にはイタリア・ドイツの支援を受けたフランコ将軍による独裁政権が誕生した。

満洲事変と関東軍──戦争への熱狂的な支持

　1927年の山東出兵や翌年の張作霖爆殺事件など日本軍の軍事行動が相次ぎ、1931年には柳条湖付近の鉄道爆破事件（柳条湖事件）が起きました。中国に駐留する関東軍の謀略であることが伏せられたまま日本は満洲各地を軍事占領し、翌年には満洲国を建国します。関東大震災や世界恐慌で経済的に疲弊していた日本では、これら軍事行動の拡大がもたらす軍需景気を歓迎し、軍隊を支持する空気が広がっていきました。

上海事変
上海共同租界の入口で警護をする日本軍。
提供：ACME/共同通信社

済南事件
山東省済南市中を行進する日本軍。第二次山東出兵で日本軍は
国民党軍と武力衝突を引き起こした。
提供：朝日新聞社

満洲事変
満洲への増兵を求める奉天の日本人たち。「平和の爲に増兵せよ」
などと書かれたのぼりが見える。
提供：毎日新聞社

「満洲国」の建国

　満洲国は清朝最後の皇帝溥儀を執政として建
国されました。建国理念に「王道楽土」と「五
族協和」が掲げられましたが、実際は日本の関
東軍が絶大な影響力をもつ傀儡国家でした。国
際的な反発を招いた日本は1933年に国際連盟か
ら脱退し、世界から孤立していきます。

> ## 満洲事変を歓迎する人びと
> 私は軍部の取つた行動はちつとも悪くはない
> と思つてゐる。……支那人に対しては、将来
> のこらしめの為に、遠慮なく制裁を加へるべ
> きである。又此の機に、日本軍人の強さと立
> 派な態度を海外に発揚すべきだ……。
>
> 荒川仙吉・魚商「満州事変をどう思ふか」
> 『文藝春秋』（1931年11月号）

「満洲国」建国を祝う人びと
日本の軍人たちが執政の溥儀を囲み、建国一周年を祝っている。
提供：朝日新聞社（1933年）

国際連盟脱退の時局歌（絵葉書）
満洲撤兵勧告案が国際連盟理事会で13対1
で可決されたが、日本はこれを「名誉の孤
立」と歌った。
提供：ドナルド・ラップナウ

五・一五事件と二・二六事件

　1932年5月15日、政党政治に不満を抱く海軍青年将校らは、政党政治の打倒と国家改造を掲げ犬養 毅（いぬかいつよし）首相を暗殺しました。また1936年2月26日、陸軍青年将校らが高橋是清（これきよ）大臣など閣僚・重臣を殺害し、政治の中枢であった永田町一帯を占拠するクーデターを起こします。こうした軍部の台頭により、日本の政党内閣の時代は終わりを迎えました。

二・二六事件
クーデター鎮圧に向かう中戦車部隊。
提供：毎日新聞社

華北分離工作と支那駐屯軍

　関東軍は満洲国建国以後も、華北を勢力圏におさめる謀略工作を続けました。また義和団戦争以来配置されていた支那駐屯軍も華北に次々と傀儡政権を樹立し、中国本土から分離する工作を続けます。一方、中国国内では対立が続いていた国民党と共産党の間に、日本の侵略を止めるための統一戦線を求める動きが生まれました。

滝川事件と天皇機関説事件──学問・思想の弾圧と抵抗

　1930年代には、軍部や右翼、帝国議会の議員による政治の主導権争いを背景に学問・思想への弾圧が強まりました。滝川事件では、京都帝国大学教授の滝川幸辰（ゆきとき）の刑法学説が共産主義的だという理由で文部省が休職処分とし、これに抗議した末川博ら多くの大学教員が辞職しました。また天皇機関説事件では政府が天皇を中心とする国家主義的な憲法解釈を採るなど、学問の自由と大学の自治は大きく後退しました。

滝川事件
京都帝国大学の学生たちの抗議集会。学問の自由と大学の自治を守ろうと、京都帝国大学法学部教授会だけでなく全国の学生たちが抗議し、戦前の学生運動の最後の盛り上がりとなった。
提供：毎日新聞社（1933年）

第一高等学校（現東京大学教養学部）の学生たちの武装行進
一高の移転に際して、学生たちは軍事教練用の銃を担いで、本郷から駒場まで行進した。
提供：朝日新聞社（1935年）

日本軍と生物化学兵器──「科学」の名のもとに

　関東軍は1936年から1945年にかけて、細菌兵器の開発を目的に満洲各地で人体実験を繰り返しました。関東軍防疫給水部（通称731部隊）の人体実験では、「丸太」や「猿」と呼ぶ中国人捕虜をペスト菌やコレラ菌に感染させたり、凍傷実験などを行っていました。人体実験で開発された731部隊の細菌兵器は、その後実際の戦場でも使用されています。これ以前にも日本軍は1920年代後半から毒ガスも製造しており、台湾の霧社事件や日中戦争で実際に使用しました。

ハルビンの731部隊本部
731部隊はロ型建物の中庭に監獄施設を作り捕虜を監禁していた。
提供：侵華日軍第七三一部隊罪証陳列館

日中戦争と 戦火の拡大

第二次世界大戦中、一般市民の死者数が
最も多かったのは中国でした。
日本軍は中国戦線で何を行い、
日本の民衆は日中戦争を
どのように支えたのでしょうか。

戦火に追われる中国の難民
病気の家族を抱えて避難する女性たち。日中戦争中の漢口作戦
が行われた武昌での撮影と思われる。
提供：平和祈念展示資料館　小柳次一撮影（1938年）

戦争のはじまりと南京戦──局地的衝突から全面戦争へ

　1937年7月7日に盧溝橋事件が勃発すると、日本は戦争不拡大を決める一方で師団増派を
実施し、戦争は華北から上海などに広がっていきました。さらに日本軍は首都の南京を占領しま
すが、多数の住民と捕虜を虐殺し、国際的な非難をあびます。日本は反ソ連反共産主義戦略のも
とドイツ・イタリアといったファシズム諸国との連携を深めて英米を牽制し、日中戦争による満
蒙問題の解決を目指していました。

**上海で便衣兵*として
日本軍に拘束された人たち**
提供：朝日新聞社（1937年）

＊便衣兵
便衣（民間人の平
服）を着た兵士のこ
と。日本軍は中国で
「便衣兵狩り」と称
して、武器を携帯し
ない青年男子や軍服
を脱いだ敗残兵など
を、軍事裁判もせず
に多数処刑した。

南京難民避難所の光景
（1937年12月21日）昨夜、また二人の兵隊が入ってきて、
二人の女の子を引きずり出して芝生の上で強姦した。とて
も胸が痛かった。以前は彼らが非人道的であることを聞
いただけだったが、今はもうさんざん目撃している。

程瑞芳『日記』
中国第二歴史公文書館所蔵

南京占領から10日ほど後の揚子江川岸
提供：日本機関紙出版センター　村瀬守保撮影
（1937年）

国家総動員体制──戦争への動員

　日中戦争が始まると、日本は国家総動員法（1938年）を成立させ、戦時総動員体制を構築します。政党の解散や経済の統制が進められ、生活必需品は配給制となりました。とくに1943年以後は「根こそぎ動員」と呼ばれ、女性や中等教育を受ける男女生徒など新たな労働力が軍需工場に動員されました。

国防婦人会

　満洲事変の勃発後、大阪の安田せいらが「女性として尽忠報国」を掲げて国防婦人会を結成、割烹着やエプロン姿で婦徳の修養とともに出征兵士の送迎や献金運動を行います。1942年に大日本婦人会に統合されましたが、軍部の意向を受けた銃後の戦争協力婦人団体として戦時体制を支えました。

文化・芸術の動員

　総動員体制のもと、文学・美術・音楽・映画に関わる人びとも戦争に動員されました。軍部と政府は検閲や統制などを通じて、文化・芸術の担い手たちに戦争協力を迫りましたが、これに対して作家たちは職域団体を結成し、自主的な統制も強めていきました。作家たちのなかには戦争協力を通じて、文化・芸術ならびに自らの社会的地位を高めたいという思惑もありました。

興亜奉公日の東京銀座
提供：近現代PL／アフロ（1940年）

傷病兵を慰問する国防婦人会の女性たち
提供：毎日新聞社（1938年）

従軍ペン部隊
漢口作戦に従軍した作家たち。内閣情報部に組織された「従軍ペン部隊」は、陸軍班と海軍班に分かれて従軍した。写真には、菊池寛や吉屋信子らの顔が見える。
提供：朝日新聞社（1938年）

女性作家が見た戦場

狭い町のあっちこっちに、支那兵が様々な恰好で打ち斃れています。……死体をみて、不思議に何の感傷もないと言うことはどうした事なのでしょう。……違った血族と言うものは、こんなにも冷たい気持になれるものでしょうか。

林芙美子『戦線』（東京大阪朝日新聞社、1938年）

戦線の拡大と中国の抵抗——日本の侵略を止めるために

　日中戦争が始まると、中国は国際連盟に日本の不当性を訴えるなど多国間連携の努力を重ねました。またソ連とも不可侵条約を結んで提携を深め、国民党と共産党は抗日民族統一戦線の結成に踏み切りました（第二次国共合作）。中国は首都を南京から武漢、その後は重慶に移し抗日戦争を続けました。日本が何度も繰り返した重慶爆撃は、アジアで最初の都市における無差別爆撃と言われています。

チャイナタウンのデモ
日本の侵略に反対するニューヨークのチャイニーズ・アメリカンたち。
提供：Courtesy of Fred Wong, Museum of Chinese in America（1938年）

「我らは日本俘虜を殺さない！」と書かれた壁文字
提供：朝日新聞社

殲滅掃討作戦（三光作戦）

　宣戦布告のないまま全面戦争に突入した日中戦争において、日本軍は中国の激しい抵抗に遭い、住民の虐殺や村落の焼打ちなど徹底的な殲滅を目指す苛酷な作戦を展開します。これを中国側は焼光（焼き尽くす）・殺光（殺し尽くす）・搶光（奪い尽くす）の「三光作戦」と呼びました。

重慶爆撃
防空壕に避難して亡くなった重慶市民たち。
提供：ACME/共同通信社（1941年）

日本軍による掃討作戦
抗日ゲリラが潜む海南島の那大市に攻め込む海軍特別陸戦隊。
提供：朝日新聞社（1940年）

日本人民反戦同盟

　日本国内での反戦運動が困難となるなか、反戦運動は海外で展開されるようになります。治安維持法違反で検挙された鹿地亘（かじわたる）は、中国で捕虜となった日本軍兵士たちと日本人民反戦同盟を結成し、「日本人の自立した立場」による反戦運動を掲げて活動しました。また、アメリカではジャーナリストの石垣綾子が『羅府新報』に反戦コラムを掲載しています。

鹿地亘ら反戦同盟を迎える重慶市民たち
当館所蔵（1940年）

国語常用運動と創氏改名（改姓名）──皇民化政策

　日本の植民地では、日中戦争前後から皇民化政策が強化されていきました。朝鮮や台湾では国語常用運動など日本語使用のさらなる推進が図られ、日本の家制度に即した氏名への変更を促す「創氏改名」「改姓名」政策が実施されます。また朝鮮では「内鮮一体」のスローガンのもと皇国臣民の誓詞（1937年）が制定され、学校や職場で繰り返し斉唱することが求められました。

創氏改名で本名が消された通信簿
提供：在日韓人歴史資料館

日本語の強制
台湾公学校の授業風景。一家全員が日本語を話す「国語家庭」となれば、生活上の優遇を受けられた。
当館所蔵
朝日新聞社編『南方の拠点・台湾』（朝日新聞社、1944年）

建設された朝鮮神宮
皇民化政策のもと、朝鮮や台湾では神社参拝が強制された。
提供：朝日新聞社（1940年）

アジア太平洋戦争と
人びとの動員

アジア太平洋戦争は日本国内だけでなく、
植民地・占領地の人びとを動員した「帝国の総力戦」でした。
様々なかたちで動員された人びとの体験を見てみましょう。

ポーランド侵攻──第二次世界大戦のはじまり

　第一次世界大戦後、政治的な安定を欠いたヨーロッパでは独裁政治が展開します。1925年にはイタリアで、1933年にはドイツで一党独裁のファシズム政権が確立し、イタリアはエチオピアを侵略、ドイツもチェコスロバキアの一部を併合、そしてオーストリアも併合するなどヨーロッパの緊張は高まりをみせます。さらに1939年に独ソ不可侵条約が結ばれると、ドイツはポーランドに侵攻し、第二次世界大戦の幕が開きました。

ワルシャワ空爆
空爆された家の前で呆然とたたずむポーランドの少年。
提供：United States Holocaust Memorial Museum（1939年）

日本の参戦

　日中戦争打開のため日本は1940年に日独伊三国同盟を結び、石油などの資源獲得を目指しフランス領インドシナ（現在のベトナム・ラオス・カンボジア）に進出します。これに強く反発したアメリカは、軍需物資や石油の対日輸出を禁止する経済制裁を行いました。その後の日米交渉では日本に中国からの撤退などが要求され、拒んだ日本はイギリス・アメリカと開戦、1941年12月8日、陸軍はイギリス領マレーに上陸、海軍は真珠湾を攻撃します。こうして第二次世界大戦に日本とアメリカが参戦することとなりました。

「敵」となった日系人
〔学校の友人が私に向かって〕おいベーブ、おまえはもう敵だぞ、と言ったのです。でもすぐに、冗談だよ、と言って両腕を肩に回し抱きしめてくれたんですよ。

リチャード・"ベーブ"・カラサワ（聞き書き）
ジョアンヌ・オッペンハイム著、今村亮訳『親愛なるブリードさま』（柏書房、2008年、42頁）

真珠湾攻撃で炎上するアメリカ戦艦アリゾナ
提供：ロイター＝共同通信社（1941年）

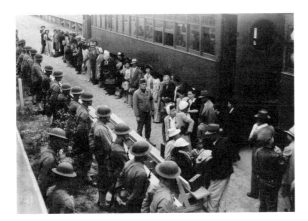

日系アメリカ人の収容
カリフォルニア州の一時拘留施設に列車で連行された日系アメリカ
人たち。
提供：アメリカ国立公文書館（1942年）

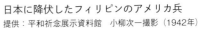

日本に降伏したフィリピンのアメリカ兵
提供：平和祈念展示資料館　小柳次一撮影（1942年）

東南アジアの占領と動員——戦争の資源を求めて

日本は軍需資源を求めて、1941年12月8日のマレー半島上陸から2カ月余りでシンガポールまで占領しました。1942年にはオランダ領東インド（現インドネシア）やフィリピン、ビルマ（現ミャンマー）を占領し、日本と同盟・協調関係にあった地域を除き東南アジアのほぼすべてが日本軍の占領下に入ります。日本軍は朝鮮人や台湾人、台湾の先住民などを軍属や監視役にし、さらにインドネシア人を「兵補」として動員して占領統治を補助させました。

シンガポール陥落祝賀国民大会
日比谷公園で行われたシンガポール陥落祝賀国民大会には、約10万人が参加し、万歳を叫んだ。
提供：田子はるみ　菊池俊吉撮影（1942年）

大西洋憲章と大東亜会議

第二次世界大戦が始まって3年目、1941年8月に英米は戦争目的を「大西洋憲章」にまとめます。戦後の世界秩序を自由貿易や民族自決などの理念に基づき新しく作り直すことを世界に宣言し、これに署名した各国が連合国として日独伊などの枢軸国と戦いました。これに対し日本は、1943年11月に東京で大東亜会議を開催し、戦争目的に「大東亜共栄圏」の確立を掲げました。

日本軍の軍政監に敬礼するジャワの少年少女たち
提供：朝日新聞社（1943年）

大東亜結集国民大会
大東亜会議の翌日に日比谷公園で開催された。国旗の配列に日本がつけた各国の序列がうかがえる。
提供：東京大空襲・戦災資料センター
長谷川一真撮影（1943年）

「大東亜共栄圏」の実態

　日本は「アジア各地を欧米の植民地支配から解放する」という目的を掲げて東南アジアに進軍しましたが、実際は戦争資源の獲得を目的とした方便に過ぎませんでした。1943年、日本は東南アジア各地の民族指導者らからの協力を得るため、ビルマとフィリピンに形式的な「独立」を認めました。しかしその後も、日本に対するフィリピン住民のゲリラ活動や、フランス領インドシナの抗日運動などが根強く続きます。

フィリピンの抗日ゲリラ
アメリカ軍兵士に日本軍との戦い方を実演してみせるレイテ島のフィリピン人抗日ゲリラの女性。
提供：ACME/共同通信社（1944年）

日本の勢力範囲
木坂順一郎『太平洋戦争』（小学館、1982年）を基に当館作成

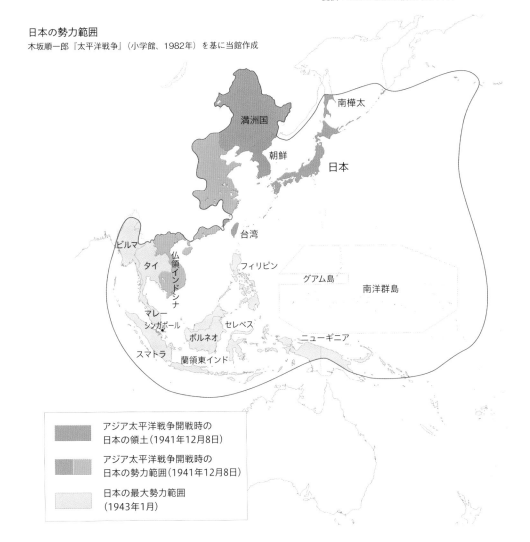

南樺太
満洲国
朝鮮
日本
台湾
ビルマ
仏領インドシナ
タイ
フィリピン
グアム島
南洋群島
マレー
シンガポール
セレベス
ボルネオ
スマトラ
蘭領東インド
ニューギニア

アジア太平洋戦争開戦時の
日本の領土（1941年12月8日）

アジア太平洋戦争開戦時の
日本の勢力範囲（1941年12月8日）

日本の最大勢力範囲
（1943年1月）

植民地の動員と強制労働——帝国の総力戦

　戦時下の労働力不足のため日本政府は1939年に「労務動員実施計画」を決め、朝鮮から労働者を日本の炭坑や鉱山に動員していきます。そのやり方は次第に強制的なものとなり、1944年には完全な強制動員となりました。朝鮮から日本・満洲・樺太・南洋群島などに約90万人、朝鮮内では約400万人と推定される人びとが動員されます。また台湾でも軍夫や軍属、作業員として多くの人びとが東南アジア各地に動員されました。

三菱鞍手炭鉱（福岡県）の選炭婦たち
朝鮮人女性がほぼ半数を占め、なかには10代前半の少女もいた。
上野英信・趙根在監修『写真万葉録・筑豊9 アリラン峠』（葦書房、1986年）

朝鮮・台湾の徴兵制

　戦局の悪化により、日本政府は兵役の義務が免除されていた植民地からも兵士を出すことを求めます。当初は志願兵の形でしたが、朝鮮では1944年、台湾では1945年に徴兵制が実施されました。

平岡ダム（長野県）の建設現場で働く中国人たち
中華民国興亜建設隊として、砂利採取や資材運搬などの労働にあたらされた。
提供：東京大空襲・戦災資料センター　林重男撮影（1945年）

中国から強制連行されて
足ふらふらして、おなかすいて目まいするでしょ。……夜の八時、現場に着くと、二人ともあと動けないの。補導員の清水が、早く寮に帰れと、また棍棒ふるってくるさ。このとき、もう死んでもいいと思った。

林樹森（聞き書き）
野添憲治『花岡事件の人たち』（社会評論社、2007年、119-120頁）

出征する高砂義勇隊
日本軍は台湾の先住民たちを動員し、東南アジアの戦地へと送った。
当館所蔵
朝日新聞社編『南方の拠点・台湾』（朝日新聞社、1944年）

女性たちの軍事訓練
「一億特攻」などのスローガンが叫ばれ、本土決戦に備えて女性たちにも武装が求められた。
提供：毎日新聞社（1944年）

女性の動員──女性たちの銃後と戦場

　英米ソの連合国では女性兵士が動員されますが、日独伊の枢軸国では女性は「産む性」と位置づけられ、なかでも日本では、既婚女性は女性団体での兵士の支援、未婚女性は軍属や勤労動員で奉仕すると分けられていました。しかし、戦局の悪化した1945年に設けられた義勇兵役法や国民義勇戦闘隊では、女性も兵士となるよう求められ、国民は憲法の兵役義務は男女の義務だったことを初めて知ることになります。

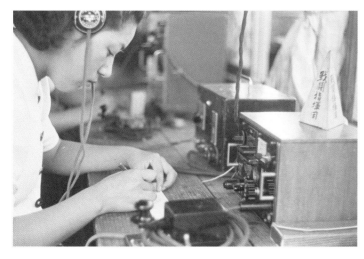

明野陸軍飛行学校（三重県）の女子通信員
提供：東京大空襲・戦災資料センター　東方社撮影

日本軍「慰安婦」

　1932年の上海事変から1945年まで、日本兵によるレイプ防止や性的享楽の提供を目的とした軍慰安所が戦地および占領地に設置されます。「慰安婦」とされた女性たちは、日本人を含め植民地の朝鮮・台湾、占領地の中国・東南アジア・オランダ領東インド（インドネシア）から移送されましたが、とくに植民地や占領地では、誘拐や人身売買も横行しました。また慰安所は陸軍では将兵に日用品などを売る酒保の付属施設とされ、女性たちはモノのように扱われていました。

慰安所で順番を待つ日本
軍兵士たち
提供：日本機関紙出版センター
村瀬守保撮影

中国の日本軍慰安所
女性たちの「源氏名」が書かれた名札とともに、兵站司令官名で「登楼者心得」が掲示されている。
提供：日本機関紙出版センター
村瀬守保撮影

日本軍慰安所マップ
提供：アクティブ・ミュージアム「女たちの戦争と平和資料館」（wam）

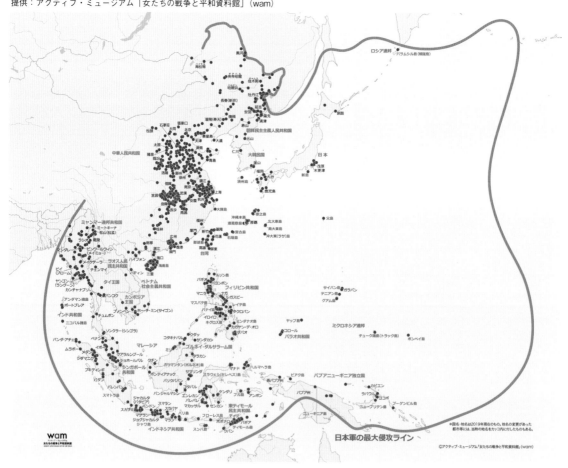

学徒出陣と立命館───ペンを銃に持ちかえて

　国家総動員体制のもと、学生や生徒たちも戦争に動員されていきます。1943年10月には「在学徴集延期臨時特例」の公布により、それまで兵役を猶予されていた大学・専門学校の学生・生徒たちが軍隊に徴集されることになりました。立命館大学は約3000人の学生を戦地へと送り出し、軍隊に志願しない朝鮮・台湾出身の学生を除名（除籍）処分としました。

立命館大学戦没学徒の遺書
ご両親様／永々お世話になりました。……書かんとして取り上げた筆ではありますが今はもう何も書けません。胸中よろしく御推察下さい。

福居猛「遺書」
立命館史資料センター蔵

京都御所を警備する立命館禁衛隊の生徒たち
立命館大学では早くから国家主義的な教育が行われ、御所などの警備のために立命館禁衛隊を組織していた。
提供：立命館史資料センター（1937年）

第二次世界大戦の終結と傷跡

第二次世界大戦がもたらした惨禍は、
人びとにどのような傷跡を残したのでしょうか。
戦争の傷跡を抱えながら生きた人びとの姿を通して、
考えてみましょう。

破壊されたドイツの国会議事堂
提供：DPA/共同通信イメージズ（1945年）

イタリア・ドイツの降伏
──ヨーロッパにおける戦争の終結

　1939年、ポーランドに侵攻したドイツはイタリアと同盟を結び（枢軸国）、イギリス・フランス・ソ連など（連合国）に対して優勢に立ちました。しかし1942年頃からアメリカの参戦を得た連合国が反撃に転じ、1943年にはイタリアを降伏させ共同参戦国とします。さらに、勢いを増した連合国はドイツ各地への爆撃を本格化させ、独ソ戦では1943年7月のクルスクの戦いで攻守を逆転させ、ヨーロッパ各地からドイツ軍を追い出しました。1945年4月28日にはイタリアのムッソリーニが処刑され、2日後の30日にはドイツのヒトラーも自殺しました。5月8日、ヨーロッパにおける第二次世界大戦は終結を迎えます。

ホロコースト

　ドイツのヒトラー率いるナチス政権は、協力者とともにヨーロッパ各地でユダヤ人を組織的に連行し、虐殺しました。また同じくナチスに迫害され、収容所に送られた同性愛者、シンティ・ロマ、障がい者、そして政治的・思想的に異なる人びと等も多数犠牲となりました。これをホロコーストと呼びます。

アウシュヴィッツ＝ビルケナウ絶滅収容所で隠し撮りされた写真
提供：アウシュヴィッツ・ビルケナウ博物館（1944年）

日本の敗退──先延ばしされる終戦

　日本軍はミッドウェー海戦やガダルカナル島の戦い以降、太平洋での戦局の主導権を失います。1944年のマリアナ沖海戦での敗北、サイパン島陥落によって日本軍が防衛上死守すべき圏域と定めた絶対国防圏が崩れ、レイテ島決戦の敗退後、日本は本土決戦による一撃講和を構想します。そのための時間稼ぎとして硫黄島の戦いや沖縄戦を位置づけましたが、それらの地域での全面的な敗北後、1945年8月に広島・長崎へ世界で初めて原子爆弾が投下されました。さらにソ連の参戦を受け、追い込まれた日本はついに降伏することとなります。

戦場での餓死・病死

　日中戦争から終戦までの日本の軍人・軍属の死者は230万人にのぼりました。日本軍の戦線は南太平洋から東南アジアにまで拡大していきましたが、補給を軽視したうえに補給路を連合軍に断たれたため、食糧や医薬品が届かないまま多くの人びとが餓えや病気で倒れていきました。その数は死者全体の半数以上を占めるほどでした。

出撃直前の「特攻隊（特別攻撃隊）」
沖縄の飛行場に出撃する直前の義烈空挺隊員たち。
提供：平和祈念展示資料館　小柳次一撮影（1945年）

サイパン島「玉砕」

　日本の絶対国防圏の一角をなすサイパン島は1944年6月15日からアメリカ軍に攻撃されますが、大本営は早々に島を放棄、サイパン守備隊は「玉砕」（全滅）に追い込まれます。サイパンに出稼ぎに来ていた日本人や、軍需産業に動員されていた朝鮮人も投降を許されず「玉砕」を強いられ、また、現地住民のなかには日本兵にスパイとして銃殺された人もいました。

サイパン島 幼い娘を亡くして

〔壕の中で〕小さい子がね、泣くと大変でしたよ。友軍の兵隊がね、「うるさいから処分しろ」って言うんですよ、「勇気を持て」って。……小さい子はもう日本兵が銃殺。大変でしたよ、本当に…。

又吉良子「あそこにいなかったら一緒にはいなかったはずだけど」
森亜紀子『はじまりの光景』（2017年）

生き残ったサイパン島の日本人住民たち
提供：DPA/共同通信イメージズ（1944年）

無差別爆撃による被害

　日本軍による重慶爆撃と同様に、連合国軍も都市への無差別爆撃を繰り返しました。連合国軍は、1945年2月にドイツ東部のドレスデンで夜間無差別爆撃を行います。同年3月10日の東京大空襲では、一夜にして10万人近い人びと（朝鮮や台湾の人びとを含む）が焼夷弾などによって殺傷されました。

台湾空襲
提供：甘記豪『米機襲来』（前衛出版社、2015年）

東京大空襲で焼死した親子の遺体
提供：石川令子　石川光陽撮影（1945年）

空襲被害死者数

1	広島県	142,430	41	秋田県	103
2	東京都	107,021	42	滋賀県	43
3	長崎県	71,695	43	長野県	40
4	大阪府	13,123	44	山形県	37
5	兵庫県	11,107	45	奈良県	36
6	愛知県	10,139	46	島根県	33
7	静岡県	6,337	47	石川県	27
8	神奈川県	5,824		台湾	5,582
9	鹿児島県	4,608		朝鮮半島	不明
10	福岡県	4,374		合計	418,650 (人)
11	三重県	3,068			
12	富山県	2,805			
13	山口県	2,276			
14	茨城県	2,214			
15	福井県	1,929			
16	岡山県	1,772			
17	和歌山県	1,733			
18	新潟県	1,558			
19	徳島県	1,472			
20	千葉県	1,425			
21	香川県	1,409			
22	北海道	1,283			
23	群馬県	1,216			
24	岐阜県	1,216			
25	宮城県	1,212			
26	愛媛県	1,207			
27	山梨県	1,174			
28	岩手県	1,070			
29	熊本県	939			
30	青森県	916			
31	栃木県	673			
32	福島県	649			
33	高知県	647			
34	宮崎県	565			
35	埼玉県	467			
36	大分県	400			
37	沖縄県	371			
38	佐賀県	187			
39	京都府	132			
40	鳥取県	106			

東京大空襲・戦災資料センターが2014年11月に地域史などの調査を行い集計

※艦砲射撃を含む
※判明している軍人・軍属・準軍属（勤労動員学徒、警防団員など）を除く
※青森県の死者数には青函連絡船の死者を含む
※台湾は台湾総督府「台湾空襲概況」（1945年）を参照

提供：東京大空襲・戦災資料センター

空襲被害を受けた地域

1944年10月から沖縄・台湾でアメリカ軍による本格的な空襲が始まり、翌月からは日本本土への爆撃も日常的に行われるようになった。当初は軍事施設や軍需工場が対象となったが、次第に住民そのものを対象とした無差別爆撃が行われるようになり、各地に深刻な空襲被害をもたらした。

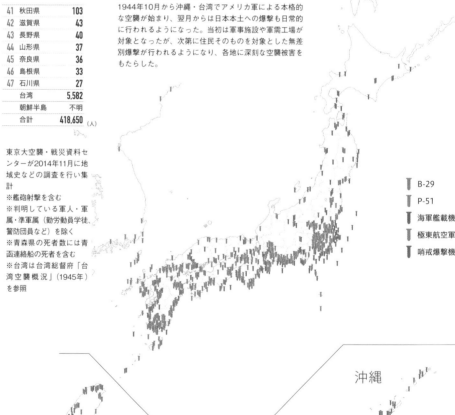

台湾

沖縄

B-29
P-51
海軍艦載機
極東航空軍
哨戒爆撃機

提供・協力：空襲・戦災を記録する会

沖縄戦と一般住民

　1945年３月に慶良間諸島、４月に沖縄島中部に上陸したアメリカ軍は沖縄島を南北に分断し、追い詰められた日本軍は６月23日の司令官自決により組織的な戦闘を終えます。地上戦以前から皇民化教育のなかで「捕虜になるくらいなら一人でも敵を殺して自決せよ」と教えられてきた住民は、日本兵からも「捕虜になると残虐な殺され方をする」「投降しようとするなら殺す」などと脅された結果、集団自決が多発しました。逃げ場を失い、家族や親族に手をかけるよう強いられた人びとは、生涯癒えることのない傷を負いました。

沖縄本島を進軍するアメリカ軍の戦車部隊
日本兵が潜むと思われる丘陵地の壕に向けてアメリカ軍は強力な火炎を放った。
提供：ACME／共同通信社

犠牲となった住民
陸軍歩兵第32連隊の布陣地帯から逃れようとして、砲撃の犠牲となった沖縄の住民。
提供：沖縄県平和祈念資料館

無条件降伏

　1945年7月、ドイツの降伏を受けた連合国が無条件降伏などを条件としたポツダム宣言を示しましたが、鈴木貫太郎内閣はこれを「黙殺」しました。その結果、8月6日に広島、8月9日に長崎に原爆が投下されます。ソ連も対日参戦したため、8月14日、日本は昭和天皇による「聖断」でポツダム宣言を受諾、9月2日には降伏文書に調印しますが、その後も沖縄や樺太など戦闘が続いた地域もありました。

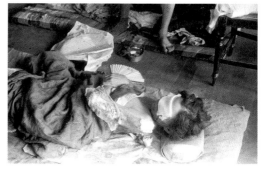

長崎で被爆した女性
原爆投下の結果、1945年末までに広島で約14万人、長崎で約7万人の人が亡くなった。放射線による被害は戦後も人びとを苦しめ続けた。
提供：朝日新聞社　松本栄一撮影（1945年）

朝鮮人被爆者
父は「アイゴー！　これが私の娘、粉連（ブニョン）か。」とさけびました。その時、私は体じゅうが火傷で真っ黒にふくれあがっていたそうです。父は……私をさがしてそれまでに何度も市内に入っていたようでした。

厳粉連「ヒロシマへにげて来た」
『ヒロシマへ──韓国の被爆者の手記』（韓国の原爆被害者を救援する市民の会、1987年、123-124頁）

原子爆弾投下後の広島
「マンハッタン計画」で原爆を開発したアメリカは、ソ連の参戦前に日本を降伏させようと、原爆を広島と長崎に投下した。広島と長崎には、それぞれ異なる原爆（ウラン型、プルトニウム型）が投下され、その効果を比較する目的もあった。
提供：朝日新聞社　松本栄一撮影（1945年）

戦争が始まると どうなるの?

日本は満洲事変からアジア太平洋戦争まで、

足かけ15年におよぶ侵略戦争を起こしました。

この十五年戦争*において、日本は戦場となった中国や東南アジア、

南太平洋などの各地に様々な戦争の傷跡を残すこととなりました。

また、総力戦体制のもとで、戦場の兵士だけでなく、銃後の女性や子ども、

植民地の人びとまでもが戦争に協力させられました。

わたしたちは戦争の時代を生きてきた人たちから、

「戦争だけはやってはいけない」という言葉を何度も聞いてきました。

ではなぜ戦争をしてはいけないのでしょうか。

戦争が始まるとどうなるのか、戦争を生きた人びとの声に触れて想像してみましょう。

＊十五年戦争
満洲事変からアジア太平洋戦争にいたる一連の日本の侵略戦争をひとまとめにして捉えた呼称。
戦後「太平洋戦争」の呼称が定着するなかで、対米戦争のみならず中国・アジアとの戦争を相互連関のうちに捉えるために、哲学者・鶴見俊輔によって提唱された。

銃後*の生活

　戦争中の日本では、戦争の役に立つことが全国民に求められました。町内会・部落会・隣組が行政の最末端組織として整備され、債券の購入や貯蓄の割り当て、配給などをとりしきり、人びとはお互いに監視し合いながら戦争に協力しました。また青壮年男性の出征による労働力不足を補うため、女性や学生、さらに子どもや植民地の人びとも軍需工場などに動員されました。人びとは戦争に勝つことを願って、勤労動員や貧窮生活に耐えました。

＊銃後
銃後とは前線に対する言葉で、戦場の後方のことを指す。総力戦では、前線にあらゆる資源を動員するために銃後の活動を必要とした。
日本では満洲事変以後、国防婦人会の活動をはじめ、本格的に銃後が形成された。

大日本国防婦人会の慰問袋作り（京都・室町分会）
地域や職場の女性たちで構成された国防婦人会は、慰問袋作りや出征兵士の送迎、
彼らの留守宅の援護にあたるなど、銃後で戦争を支えた。
当館所蔵

隣組の配給所に並ぶ住民たち
物資の欠乏にともない、食料や日用品は隣組を通しての配給となったため、人びと
は隣組を離れては生活できなくなった。
当館所蔵　梅本忠男撮影（1941年8月）

優生結婚相談所（京都・四条大丸）
1940年に制定された国民優生法の下、優生結婚
が奨励されたが、優生思想は人種差別や障がい
者差別を助長するものだった。
提供：毎日新聞社（1942年6月）

国民学校のストーブ供出
政府は弾丸や兵器などの軍需品の資材にするため、各家庭から銅や鉄などの金属製品を供出させた。寺院の梵鐘や銅像なども集められた。
提供：毎日新聞社（1942年5月）

子どもたちの救護訓練（東京第二師範学校附属国民学校）
防空は国民の義務とされ、子どもたちにも救護訓練や防空監視の訓練が課された。焼夷弾は簡単に消せるといわれ、地域や隣組で防空訓練が繰り返し行われた。
提供：東京大空襲・戦災資料センター　長谷川一真撮影（1944年）

戦没卒業生の遺影を拝む子どもたち（熊本・日奈久国民学校）
軍を国家の中心とし、軍人を崇める軍国主義教育の一環として、国民学校などでは、戦没卒業生の遺影を拝ませていた。
提供：平和祈念展示資料館　小柳次一撮影

軍事教練を受ける青年たち
1920年代半ばから中等学校以上の学校や青年訓練所で陸軍将校による軍事教練が始まり、入営前の訓練として次第に強制性を強めていった。
当館所蔵　梅本忠男撮影（1941年）

疎開児童と疎開先児童の対面式（静岡・湯ヶ島国民学校）
本土空襲に備えて1944年には疎開が促進され、都市の子どもたちの多くが、縁故疎開や集団疎開で家族から離れてくらすことになった。
提供：東京大空襲・戦災資料センター　東方社撮影（1944年）

家族の顔でいっぱい

心の中はいつも家族の顔でいっぱいなのに…逢いたいとか辛いとかは最後まで一行も書かなかった。書いては、いや思ってさえ日本少国民の恥だと考えていた。
出典：中根美宝子『疎開学童の日記』（中公新書、1965年、iv頁）

中根美宝子さん　東京都（1935年生まれ）
9歳のときに富山県に疎開した中根さんは、毎晩東京の両親にむかって「おやすみなさい」とあいさつしていた。

内地の海軍工廠で働く台湾の少年たち

1939年に国民徴用令が制定され、軍需以外の仕事に従事していた労働者や中小商工業者も軍需工場に動員されることとなった。徴用の対象は植民地の人たちにも広げられた。
当館所蔵
朝日新聞社編『大東亜戦争と台湾青年』（朝日新聞社、1944年）

機関銃を組み立てる女性（日立兵器水戸工場）

1943年夏から学生・生徒の軍需工場への勤労動員が本格化し、翌年4月には通年動員となった。また同年には女子挺身隊制度も強化され、女学生や未婚の若い女性たちも軍需工場などに動員された。
提供：東京大空襲・戦災資料センター　林重男撮影（1944年）

銃後から戦場へ

　兵役法の下、青壮年男性は現役徴集や召集により戦場に送られました。少年たちも日頃から軍人を志すように勧められ、女性も含めて軍事教練が行われていました。従軍看護婦やメディア関係者など軍属として戦場に赴く人もありました。戦争末期には、学徒兵や少年兵が充分な訓練も ないまま、戦場に投入されました。十五年戦争では約230万人の軍人・軍属が亡くなったほか、負傷者も多く生み出しましたが、その死や負傷は「名誉」と讃えられ、遺族や傷痍軍人は、その悲しみや苦しみを表には出せませんでした。

出征兵士とその家族の記念写真
召集令状（「赤紙」）が届くと、隣組や職場の人たちなどが、日の丸や花輪、幟などを用意して出征を祝い、送り出した。
当館所蔵　梅本忠男撮影（1943年）

戦死したらええのに

「母さん、なんで家の兄さんは兵隊さんに行かへんの？　早く兵隊さんになって戦争に行って戦死せえへんの。なあ戦死したらええのになあ」
そのころ、私は不満げに何度も訴えていました。
出典：朝日新聞社編『女たちの太平洋戦争〈1〉──被害者そして加害者』（朝日新聞社、1991年、14頁）

岡本類子さん　奈良県（1932年生まれ）
軍国主義教育を受けていた岡本さんは、兄が海軍に入隊すると、私の家にもとうとう兵隊さんができたと喜んでいたという。

早よう父ちゃん迎えに

父親を慕った末の子に「早よう父ちゃん迎えに行こな」と言われて涙が止まらなかった。この時やっと夫を戦争にとられた近所の気持ちがよう分かった。
出典：平和と民主主義をすすめる左京懇談会編『京都・左京の十五年戦争』（かもがわ出版、1995年、127頁）

長尾フジエさん　京都府（1916年生まれ）
長尾さんは自分の夫が出征するまで、家族の出征を惜しむ近所の人を見ても、「お国の御奉公やのに女々しいこと言うてるわ」と感じていた。

学徒出陣前の立命館大学予科の壮行会
1943年10月に大学生や高等学校の生徒たちも徴兵猶予の特権を失い、戦場に赴くことになった（学徒出陣）。
提供：立命館史資料センター（1943年11月）

アイゴーアイゴー

いつもは挨拶もろくにしない日本人が数人集ってきて、バンザイバンザイと見送りました。……おばさんとわたしの母だけが目を真赤に泣きはらしてアイゴーアイゴーといつまでも悲しんでいました。

出典：むくげの会編『身世打鈴――在日朝鮮女性の半生』（東都書房、1972年、139頁）

クォ・カプソンさん　大阪府（1934年生まれ）
お世話になっていた朝鮮人家族の出征を見送るクォさん。戦時中、朝鮮人は「皇国臣民」と言われながらも、都合よく差別され続けたと語る。

出征する軍用犬
人間だけでなく、馬や犬などの動物も民間から集められ、軍馬・軍用犬として戦場へ連れていかれた。
提供：毎日新聞（1939年5月）

木銃訓練をする傷痍軍人
戦場で負傷したり失明した傷痍軍人たちには、義眼や義手が支給され、機能回復訓練や職業訓練が行われた。戦争中は「名誉の負傷」として讃えられたが、戦後の生活は厳しいものとなった。
提供：毎日新聞社（1944年1月）

戦場の記憶

　日本軍兵士たちは、中国などの戦地に着くと、敵兵だけでなく民間人や捕虜までも殺害し、女性の強姦や財産の強奪を重ねました。日本軍が武器や食料・医薬品などの補給を軽視していたこともあり、戦死のみならず餓死や戦病死で斃（たお）れていく日本兵も少なくありませんでした。戦争末期には銃後も戦場と化し、南洋や沖縄・満洲・樺太などでは住民を巻き込んだ地上戦が行われ、台湾や朝鮮半島、本土も空襲を受けました。「助けを求めた人を殺してしまった」「大切な家族を奪われた」——戦争の記憶は戦後も人びとを苦しめ続けました。

戦没者の帰還（名古屋・桜通り）
戦没者の骨箱を抱いて郷里を行進する兵士たちと、沿道で出迎える人びと。戦争末期には遺骨のないまま戦死を伝えられることも多くなった。
提供：朝日新聞社

アッツ島守備隊の「玉砕」
アッツ島守備隊は1943年5月29日に最後の突撃を行い、若干名の捕虜以外、戦死または自決により全滅した。このときから、「玉砕」という言葉が使われるようになった。
提供：ACME／共同通信社

戦争の時代を生きた人びと

捨てざるを得なかった良心

鈴木良雄さん
埼玉県（1916年生まれ）

鈴木良雄さんは、1941年9月に山東省萊蕪県の集落で初めて民家を焼き払いました。当時日本軍は「掃討作戦」と称して敵軍に通じるとみなした住民を殺害したり、「現地徴発」の名目で民家から食糧や物資を略奪していました。貧しい農村で生まれ育った鈴木さんは、幼い頃より「軍隊で出世して将校になりたい」と夢見ていたといいます。そして実際に鈴木さんはこの出来事を転機として、敗戦時までに一等兵から曹長へと昇進を重ねていきました。鈴木さんは戦後その罪責感から、このとき焼き殺してしまった中国の人たちのことを何度も話すようになりました。そして手記には「戦争こそ、この世の地獄です」と書きつけていました。

提供：中帰連平和記念館　芹沢昇雄撮影（2004年）

癒えることのない傷を抱えて

尹昌宇さん
朝鮮・江原道（1928年生まれ）

1942年8月20日、当時14歳だった尹昌宇さんは、江原道淮陽郡から列車に乗せられて、他の少年たちとともに日本窒素肥料興南工場へと連れて行かれました。戦時中、日本は労働力不足を補うために、朝鮮人を各地の炭鉱や工場などに強制連行しました。アジア太平洋戦争がはじまると軍需工場に指定された日本窒素肥料興南工場は、杜撰な安全管理のもとで、多くの朝鮮人を「消耗品」のように働かせました。そのなかで1943年9月15日、尹さんは工場内の硝酸爆発事故により意識不明の重体となり、片目まで失うこととなります。このとき全身に負った大火傷の痕は、尹さんを長らく苦しめ続けました。祖国が解放されてからも尹さんは、こうした日本の植民地支配による癒えることのない傷を抱えながら生きていました。

提供・撮影：伊藤孝司（2005年）

戦場で奪われた幼い命

北村登美さん
沖縄県（1912年生まれ）

1945年3月26日、慶良間諸島にアメリカ軍が上陸した際に起きた渡嘉敷島の「集団自決」で、北村登美さんは長女の恒子さん（8歳）と次女の則子さん（5歳）を失いました。「玉砕場」では、「天皇陛下万歳」の号令のもとで集団死が強制されていました。登美さんはそのただなかで、則子さんの「お母さん、こわいよー、こわいよー」という助けを求める声に、はっと我に返ったといいます。地上戦となった沖縄では住民の多くが戦闘に巻き込まれ、12万人以上の人びとが犠牲となりました。日本軍による集団自決の強制をはじめ、沖縄戦の経験は、人びとに「軍隊は住民を守らない」などの様々な教訓を与え、現在にいたるまでその記憶は生き続けています。

提供・撮影：沖縄県平和祈念資料館（2007年）

家族にも語らなかった戦場

小林太郎さん
京都府
（1910年生まれ）

小林太郎さんの出征記念写真
当館所蔵（1937年）

　日中戦争により陸軍第十六師団第九連隊に召集された小林さんは、華北の残敵掃討作戦や華中の上海戦、南京攻略戦、徐州作戦、武漢の軍事占領など、1937年から2年間を中国の戦場で過ごしました。末端部隊の下級兵士として場当たり的な軍事作戦に翻弄されるとともに、食糧の略奪や放火、正当な理由のない中国人の殺害も行いましたが、こうした日々の詳細を記録し、日記にまとめました。小林さんは工学部出身で、戦後は教師となり、日記は仏壇に置いていました。家族に戦場のことは語りませんでしたが、晩年に病を患った際には「罰が当たった」と漏らしていたといいます。

日本軍に家族を殺されて

夏 淑琴さん
（シャーシューチン）
中国・南京（1929年生まれ）

　1937年12月13日、南京を占領した日本軍は「残敵掃討戦」を開始し、南京に残っていた多くの住民を巻き込み虐殺しました。同日午前、夏さん家族がくらす自宅に突如日本軍が押し入り、家族を次々と銃殺していきます。当時8歳だった夏さんは、2人の姉（15歳、12歳）と妹（4歳）とともに寝台の布団のなかに隠れました。しかし、夏さんは日本軍に見つかり、背中などを銃剣で刺されて気を失ってしまいます。夕方ごろ気がついたときには、2人の姉は同じ部屋で強姦されたうえで殺害されていました。「私たちが日本軍に対して、いったいなにをしたというのでしょうか」。家族9人のうち生き残ったのは、夏さんと妹の2人だけでした。

提供：侵華日軍南京大屠殺遇難同胞紀念館（2009年）

占領される恐怖

謝昭思さん
（シェジャオスー）
シンガポール（1931年生まれ）

　1941年12月8日のマレー半島侵攻後、日本軍は占領を阻むとみなした住民たちを殺害していきました。1942年2月、シンガポール華僑の謝昭思さんがくらしていた村を日本軍が襲います。日本軍は謝さんの家から食糧を奪い尽くすと、父親をはじめ25人家族のうちの21人を次々と銃剣で突き殺していきました。謝さんは急いで逃げようとしましたが、日本兵に捕まり何度も身体を刺され、気が付くと穴の中で土をかけられた状態だったといいます。その後、シンガポールを占領した日本軍は軍政をしき、「敵性」を持つとみなした華僑住民を次々と虐殺していきました。

提供：吉池俊子（2022年）

軍医がみたインパール作戦

中野信夫さん
京都府
（1910年生まれ）

軍医となった中野信夫さん
提供：中野健太

1944年3月15日、日本軍はインド北東部にあるイギリス軍作戦拠点・インパールの攻略作戦を開始します。中野信夫さんはこのインパール作戦に軍医として参加しました。もともと中野さんは貧しい人でも医療が受けられるようにと、戦前は無産者診療所で働いていました。しかし、中野さんがインパール作戦で見たものは、医師の力だけではどうしようもないほどの大量死であり、また大切なはずの命さえ自ら絶っていく日本兵たちの姿でした。コヒマからの撤退の途上、中野さんは「軍医殿、自爆です」と何度も連絡を受けました。チンドウィン河に近づくほどに、街道は日本兵の死体や白骨で埋め尽くされていき、決まって夕方には手榴弾の炸裂音が聞こえたといいます。

学問と生きることを切望した青年

林尹夫さん
　　 ただ お
神奈川県
（1922年生まれ）

林尹夫さん（右）と日記を持ち戻った親友
当館所蔵

京都帝国大学の学生だった林尹夫さんは、英・仏・独語の原書を読みこなすほどの語学の才にあふれ、周囲からも一目置かれる存在でした。しかし、そうした林さんも1943年に召集を受け、学徒出陣することとなりました。林さんは海軍航空隊所属となってからも、訓練の合間をぬっては読書や思索を続けました。学問と生きることに情熱を注ぎ、軍隊の矛盾や日本の戦争の意味を冷静に考えながら、日本の戦後を展望していました。1945年7月28日、林さんは偵察のために四国沖に出撃したのを最後に、消息を絶ちました。

P

戦後の世界

大日本帝国の崩壊と戦後世界の再編

第二次世界大戦は終結し、人びとは戦時下の抑圧や支配からも解放されました。
しかし、帝国の崩壊は混乱をもたらしました。
人びとはどのような思いを抱えて戦後を歩み始めるのでしょうか。

東アジアの戦闘終結——帝国の崩壊と占領

　一般的には、1945年8月15日に日本は無条件降伏し、戦争が終結したとされています。しかし、ソ連軍が侵攻した千島列島・樺太での戦闘が終結したのは8月末であり、戦争は8月15日以降も続いていたのでした。日本の敗戦は他民族を支配から解放しましたが、アメリカとソ連が対立し、東西冷戦が始まると、解放された人びとは国家の分断などの再び大きな苦難を受けました。また、アメリカ軍の占領下に置かれ、非軍事化と民主化を柱とする戦後改革が実施された日本本土では、その後、再軍備が図られるなど占領政策は転換されました。

京都の占領

　戦後、京都に進駐した占領軍は司令部を大建ビル（現在の「COCON KARASUMA」）に置き、軍政部は京都府庁に入りました。当時、岡崎公園には占領軍の宿営地、植物園には上級将校と家族の住宅が建設されています。また病院や一部の教育施設、百貨店、工場などの接収に加え、慰安施設を含む占領軍用設備の建設、英語による道路表記により、市内の風景と住民の日常生活は大きく変化しました。

戦後の混乱と人びとの移動

樺太・千島からの引揚者
提供：共同通信社（1946年12月）

復員・引揚げの開始

　敗戦時、海外には軍人・軍属約367万人、民間人約321万人がいたと推計されています。軍人・軍属の日本への帰還を「復員」、民間人の帰還を「引揚げ」と呼んでいます。引揚げは、アジア太平洋地域から日本の影響力を完全に排除するというアメリカの意図によって開始されました。

南米移住者募集ポスター
日本は1952年に過剰人口問題を背景に中南米への海外移民を再開した。本土と切り離された沖縄からも送出されている。移住者には引揚者や戦後開拓農民も多く含まれていた。
提供：沖縄県公文書館

開拓が進み酪農が始末する京都・原谷地区
敗戦後の食料難と失業対策として日本政府が実施した戦後開拓事業に多くの引揚者が参加した。京都では積雪の多い原野だった原谷の開拓が進められ、満洲引揚者など19戸が入植した。
提供：前原英彦

外国人登録令

　戦後、1947年時点で、約60万人の朝鮮人が日本に残留していました。彼らは民族団体を結成し、生活維持や子どもの教育活動を始めます。しかし、日本政府は新憲法施行直前の勅令で、外国人登録令を公布・施行しました。これは、従来「日本人」として扱われてきた旧植民地出身である朝鮮人・台湾人を「外国人」に指定し、参政権などの諸権利を停止して日常的な管理・監視の対象としたことを意味しました。

敗戦直後の京都・ウトロ地区（京都府宇治市伊勢田町）
敗戦により、京都飛行場建設のために集められた朝鮮人労働者は職を失った。帰国できず、行くあてのない労働者とその家族は、飯場跡で生活を始めた。
提供：ウトロ平和祈念館

戦後体制の理想──日本国憲法と戦争違法化

　東アジアの平和を破壊した日本帝国主義の解体・克服が、連合国による占領改革、日本の戦後改革によって追求されます。そうしたなかで成立した日本国憲法は、非軍事化と民主化政策、国連憲章体制への編入、国民の敗戦体験に根ざした平和国家への希求などの要素が組み合わさったものでした。不戦条約（戦争の違法化）を継承・発展させる国連憲章2条4項（武力不行使原則）と日本国憲法9条は、共鳴し合う内容となっています。

戦争放棄

　日本国憲法9条1項は「主権的権利としての戦争」を放棄しており、9条2項は戦力の保持と交戦権を否定しています。徹底した日本の非軍事化・非武装は憲法前文が述べる国家による日本の安全保障とセットになっていますが、この方向性は実現することはなく、日米安保体制（米軍駐留と日本再軍備）と矛盾しながら共存しています。

戦争放棄

基本的人権

日本国憲法の公布を機に、文部省が作成した『あたらしい憲法のはなし』。戦争放棄、基本的人権など、新憲法で規定された事柄が平易な文章とイラストで説明されている。
当館所蔵

東京裁判

　東京裁判とは極東国際軍事裁判の略称で、日本の戦争指導者たちが連合国によって裁かれました。1946年5月から1948年11月まで開かれ、日本に対する降伏条約に調印した9カ国とインド・フィリピンの11カ国が裁判官を出しています。28名の被告が「平和に対する罪」などで起訴されました。判決では、東条英機ら7名に絞首刑、木戸幸一ら16名に終身禁錮刑、東郷茂徳に禁錮20年、重光葵に禁錮7年の刑が言い渡されました。

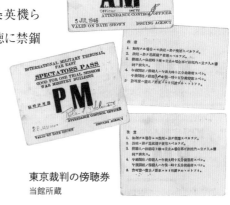
東京裁判の傍聴券
当館所蔵

スガモプリズンの囚人たち
連合国軍に接収され「スガモプリズン」に改称された東京拘置所。東京裁判の受刑者をはじめ、「通例の戦争犯罪」や「人道に対する罪」で裁かれたBC級戦犯も多く収容された。
当館所蔵

婦人参政権——女性の「権利」と「役割」

　敗戦後の日本社会では、連合国軍最高司令官総司令部（GHQ-SCAP）の改革指令の下で女性の法的権利の整備が進み、1945年12月には女性に参政権が認められました。翌年4月の総選挙では39名の女性議員が誕生します。また、新憲法では家庭生活における個人の尊厳と両性の本質的平等（24条）がうたわれ、民法では家・戸主が廃止、刑法では姦通罪が廃止されました。さらに教育の機会均等を定めた教育基本法も制定されるなど、男女平等の基礎が築かれます。これにより女性たちの人生の選択肢は大きく広がったものの、戸籍法が維持されるなど多くの課題も残されました。

> **ベアテ・シロタ・ゴードン**
> 私は、女性が幸せにならなければ、日本は平和にならないと思った。男女平等は、その大前提だった。
>
> ベアテ・シロタ・ゴードン著、平岡磨紀子構成／文『1945年のクリスマス——日本国憲法に「男女平等」を書いた女性の自伝』（柏書房、1995年、159頁）

共学となった立命館大学での授業風景
提供：立命館史資料センター

GHQの職員とベアテ・シロタ・ゴードン（中央）
ベアテはGHQ民生局員として憲法草案作成に携わり、14条「法の下の平等」および24条「両性の平等の原則」の条文作成に取り組んだ。
提供：独立行政法人国立女性教育会館

優生保護法

　敗戦後、女性の性と生殖をめぐる状況も大きく揺さぶられました。占領軍兵士を対象とする性的慰安施設が開設され、性病予防を理由に街娼たちは強制性病検査の対象となります。また、優生保護法の制定により中絶が「優生上の見地から不良な子孫の出生を防止」するために合法化されましたが、そこには占領軍兵士との「混血児」の増加への危機感がありました。

婦人代議士の誕生
初めて議席につく婦人代議士。
提供：毎日新聞社（1946年5月16日）

冷戦下の東アジアと植民地の独立

植民地が独立を果たす一方、
冷戦体制下では新しい国際秩序が形成され、次第に対立を強めます。
戦争の悲劇を繰り返さないために平和を求めた人びとは、
どのように行動したのでしょうか。

冷戦体制の形成と朝鮮戦争
———世界を巻き込む米ソの対立

　第二次世界大戦後、ヨーロッパを舞台に深刻化した資本主義国家と社会主義国家との対立は「冷戦」と呼ばれ、それは東アジアにも及びます。アメリカとソ連の勢力圏が交錯する朝鮮半島は、大韓民国と朝鮮民主主義人民共和国の二つの政権に分断されました。1949年には中華人民共和国（中国）が樹立され、冷戦は深まりをみせます。こうして1950年6月、南北朝鮮の本格的な武力衝突が始まり、米軍主体の国連軍や中華人民共和国の義勇軍も参戦したため、3年に及ぶ過酷な戦争になりました。

▌朝鮮半島の分断

　1948年、北緯38度線を境に大韓民国と朝鮮民主主義人民共和国政府が相次いで樹立され、両政権とも互いに軍事力による統一を目指すようになりました。1950年6月に始まった朝鮮戦争の死者の総計は400万人を超え、南北軍事境界線は今も固定化されたままです。

朝鮮戦争
前線に向かうアメリカ兵と、家財道具を頭に載せて避難する女性と子どもたち。
提供：共同通信社（1953年5月）

サンフランシスコ講和条約と日米安全保障条約

　日本はアメリカを中心とする西側諸国とのサンフランシスコ講和条約の締結（片面講和）により、占領を終わらせ、主権を回復します。しかし、日本はすべての交戦国との講和（全面講和）をせず、アジア諸国との国交回復や戦争と植民地支配への責任を先送りにしました。また、沖縄・奄美・小笠原は日本から切り離され、アメリカの統治が続きました。同時に結ばれた日米安全保障条約はアメリカ軍の日本駐留を継続させたため、日本の再軍備に対する大衆的な反対運動を招きました。

内灘闘争
村長に詰め寄る住民たち。石川県内灘村で起こったアメリカ軍基地をめぐる反対運動は、戦後日本の反基地闘争の先駆けとなった。
提供：内灘町歴史民俗資料館「風と砂の館」

沖縄と米軍基地
沖縄には、本土の46都道府県とほぼ同規模の基地が置かれていた。
©Shomei Tomatsu-INTERFACE

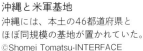

誰でも入れる市民の大行進

きけ　この
"声なき声"の
いかりを

1960年10月20日の
デモ行進より

国会前でデモ行進する市民運動グループ「声なき声の会」
市民たちは1960年の安保改定をはじめ、当時の社会問題に対して盛んに声をあげた。
成谷茂（声なき声の会）撮影（1962年5月1日）

第三世界の独立——アジア・アフリカ諸国の決断

　20世紀後半、アジアや中東、アフリカの植民地は次々と独立を果たし、アメリカ中心の西側諸国（「第一世界」）とソ連中心の東側諸国（「第二世界」）のどちらにも属さない「第三世界」として、ラテンアメリカ諸国も加えて独自の勢力を形成します。やがて、「第三世界」は、北半球の旧宗主国からなる先進国と、南半球に属した旧植民地からなる発展途上国との間に生じた著しい経済格差（「南北問題」）の解消を訴えるようになります。

アジア・アフリカ会議（バンドン会議）

　1955年4月、史上初めてアジア・アフリカの29カ国が集まり、国際会議を開きました。インドネシアの開催地名から、バンドン会議とも称されています。会議では、帝国主義、植民地主義への反対や民族自決がうたわれたほか、「世界平和と協力の推進に関する宣言」（平和十原則）が発表されました。この宣言は、「バンドン精神」と称して大国が支配する国際社会にインパクトを与え、東西いずれの陣営にも属さない非同盟運動の礎となります。

アジア・アフリカ会議
提供：Asia-Africa Museum/AP/アフロ（1955年4月18日）

世界平和と協力の推進に関する宣言

平和十原則

1	基本的人権と国連憲章の尊重	6	大国を利する集団防衛体制反対
2	主権と領土保全の尊重	7	相互不侵略
3	人種・国家の平等	8	国際紛争の平和的解決
4	内政不干渉	9	協力の促進
5	国連憲章に基づく個別的・集団的自衛権の尊重	10	正義と国際義務の尊重

核戦争の恐怖

水爆実験と第五福竜丸

　1945年8月にアメリカが広島・長崎に投下した原爆は30万人以上の命を奪い、生き残った被爆者も原爆症や差別・偏見に今も悩まされています。1954年、アメリカはビキニ環礁で広島原爆の950倍も強力な水爆実験を行い、近くの海域で操業していた第五福竜丸の無線長・久保山愛吉さんの命を奪いました。これを機に始められた原水爆禁止運動は今日まで続いています。

キューバ危機　嘉手納飛行場に搬入される核弾頭
ソ連のキューバへのミサイル配置に対抗したアメリカはカリ
ブ海上封鎖を行い、頂点に達した両国の対立は核戦争勃発の
危機を招く（キューバ危機）。占領下の沖縄は最前線に立たさ
れていた。
提供：沖縄県公文書館（1962年10月23日）

ビキニ環礁水爆実験
1946年から1958年にかけて、23回もの核実験が行われた。
提供：第五福竜丸平和協会

世界的な女性運動の展開——声をあげる女性たち

　第二次世界大戦後、女性による国際的な平和運動が活発になります。1953年、国際民主婦人
連盟は平和と女性の権利を議論する世界婦人大会をコペンハーゲンで開き、55年には日本人女
性の原水爆禁止の訴えを受けて世界母親大会をローザンヌで開催します。国際連合ではあらゆる
分野における男女平等実現のために「婦人に対する差別撤廃宣言」（1967年）を採択しました。

「主婦」「母」たちの運動

　日本の女性たちは「主婦」「母」の立場からくらしといのちを守る運動を展開しました。ビキニ環礁
水爆実験（1954年）を受け、東京・杉並の主婦たちは原水爆禁止の署名活動を始めます。また、第
1回世界母親大会（1955年7月）の準備として、第1回日本母親大会（同年6月）が開かれ、女性
の権利や戦争と平和について話し合われました。

第1回世界母親大会
提供：日本母親大会事務局

杉並アピール
・水爆禁止のために全国民が署名しま
しょう
・世界各国の政府と国民に訴えましょう
・人類の生命と幸福を守りましょう

日本各地で集められた署名簿の山
当館所蔵

冷戦の深まりと平和への問い

ベトナム反戦運動や反公害運動を通じて、人びとは様々な社会問題に目を向けるようになります。社会の矛盾を克服するために、人びとはどのような声をあげたのでしょうか。

北ベトナムへの爆撃命令を受け沖縄のアメリカ軍基地から飛び立つB-52爆撃機
提供・撮影：石川文洋（1969年2月）

ベトナム戦争───ベトナムに平和を！

　ベトナムでは、南にアメリカ政府の支援する政権（ベトナム共和国）が、北に社会主義を掲げる政権（ベトナム民主共和国）が作られ、対立が続きました。アメリカは共産主義化を抑えるとの理由から軍事介入を深め、1965年2月に北ベトナム爆撃と地上戦闘部隊の投入を開始し、ベトナム戦争が本格化します。アメリカは最大57万人の部隊を投入しましたが、ベトナムでのゲリラ戦や国内外の反戦世論の高まりなどにより事実上敗退し、1973年にパリ和平協定を結びます。1975年には南ベトナムの首都サイゴン（現ホーチミン）が陥落し、戦争は終結します。この戦争は植民地解放闘争のシンボルとなり、西側諸国における反体制運動に大きな影響を与えました。

アメリカ軍による枯葉作戦で全滅枯死したマングローブの森
中央に立つ少年は、2007年に、内臓疾患を患い31歳で他界した。
提供・撮影：中村梧郎（南ベトナム・カマウ岬、1976年8月）

べ平連と京都の反戦運動

　作家・小田実らの呼びかけにより「ベトナムに平和を！　市民文化団体連合」（べ平連）が結成されました。労働組合や学生運動とは異なる形で市民による運動の場を広げ、世界各地の運動との共同行動、アメリカ軍兵士の脱走援助など幅広い活動を展開しました。京都では、三条大橋での「橋の下大学」など、カウンターカルチャーを取り入れた活動も行われました。

京都市三条大橋
「橋の下大学」の集まり
提供：朝日新聞社（1969年7月）

関西のべ平連とハンパク

　「人類の進歩と科学技術の未来」を掲げる大阪万博に対抗し、現在の大阪城公園にあたる大阪砲兵工廠跡で「反戦のための万国博」（通称ハンパク）が市民により開催されました。前年には、九州大学に墜落したアメリカ軍戦闘機ファントムの残骸の展示、夜間中学やハンセン病*に関する展示、討論会やフォークコンサートなどを実施し、ベトナム反戦運動と地域運動が結びつくきっかけになりました。

*ハンセン病
1873年にノルウェーのハンセンによって発見されたらい菌による感染症。後遺症や感染への恐れから、古来より世界中で差別や偏見を受ける病気とされた。戦後、日本では「らい予防法」が制定され、強制隔離によって患者の人権は大きく侵害され続けていた。

反戦のための万国博
「人類の平和と解放の
ために」を掲げ、のべ
6万人が集結した。
提供・撮影：倉田光一

高度経済成長と反体制運動
——社会の矛盾と市民による運動

　1950年代後半から70年代初頭にかけて、日本各地の開発、公害問題や環境破壊、人件費の安い農山漁村の若者たちの集団就職、過疎・過密などの矛盾を生みながら、日本は未曽有の経済成長をとげます。日本企業は国内の公害規制が強まると、規制のゆるい東南アジアへと生産拠点を移転させました。生産拠点の移転は日本国内の地方やアジア諸国の人びとに対する搾取や支配に結びついたことから、経済成長や「豊かさ」を根本から問うような運動がみられるようになりました。農民や住民の意思を無視する形で暴力的に強行された千葉県・三里塚での成田空港建設は、戦後民主主義とは何かが問われました。

三里塚闘争
畑にそびえたつ「絶対反対」のノボリ。成田空港の建設予定地は、住民の生活を支える農地でもあった。
提供：毎日新聞社（1967年9月）

グローバルに拡がる住民運動

　戦後の総合開発計画のもとで拡大する社会矛盾や環境汚染は、被害の実態解明と加害者の追及という住民運動にとどまらない「近代」そのものを問う動き——民主主義のあり方、開発と公共性の問題、人間と自然・動物との関係など——を生みました。様々な地域での運動は、全国の支援者の組織や雑誌によって国内外に広いネットワークをつくり、人と人、運動同士をつなげる役割を果たしました。

新日本窒素の組合員と水俣病患者による市内デモ
提供：熊本学園大学水俣学研究センター（資料番号/E-148）

久美浜原発建設反対集会
原子力発電所建設計画に反対する久美浜町（現京都府京丹後市）の住民たち。約30年にわたる論争の末、2006年3月に計画は中止された。
提供：一般社団法人京都自治体問題研究所

様々な異議申し立て

　1960年代後半から70年代前半にかけて、戦後日本社会を根底から問う様々な運動と思想が開花します。学生たちは、社会構造に埋めこまれ、自分たちを抑圧する暴力に対して、アイヌや沖縄の人びと、被差別部落の人びと、障がい者、在日コリアンなどは、日本の差別構造を鋭く問いました。様々な異議申し立ては、アジアやアフリカの植民地解放・独立運動、アメリカの公民権運動、フランスの五月革命などの世界各地の民衆運動と連動・共鳴していました。

立命館大学新聞社襲撃事件
新聞社を襲撃する全共闘準備委員会。立命館大学では、この事件をきっかけに大学紛争へ突入した。
提供：立命館史資料センター

大学紛争
私は眼前のバリケードを見ながら、「闘うぞ」と思った。あのバリケードは国家権力の否定、自己のもつブルジョア性の否定のバリケードなのである。

高野悦子『二十歳の原点』（新潮社、1971年、56頁）

二風谷ダム訴訟
壊された祈りの場で、ダム建設を止められず先祖におわびの言葉を伝えるアイヌの人びと
アイヌ文化が伝承される二風谷（北海道沙流郡平取町）でダム建設が進められた。大切な祈りの場所や遺跡などが壊されることに反対したアイヌの人たちの行動によって、司法が初めて、アイヌは先住民族であることと、アイヌの「文化享有権」を認める画期をもたらした。
提供：北海道新聞社（1996年4月2日）

アメリカ公民権運動 ワシントン大行進
提供：AFP/アフロ（1963年8月28日）

パリ五月革命
シャトレ広場で「学生、教師、労働者の連帯」のスローガンを掲げたデモ隊。
提供：Ullstein bild/アフロ（1968年5月17日）

沖縄返還

　1972年5月15日、アメリカ統治下にあった沖縄は「核抜き・本土並み返還*」という条件で日本へ返還されました。しかし、日米両政府は、沖縄にあった核兵器を有事の際に再び持ち込む密約を結んでおり、極東における沖縄の軍事上の位置づけに変化はありませんでした。沖縄返還は軍事優先の統治政策に反対してきた沖縄の人びとの期待を裏切るものであり、現在も続く沖縄への基地の集中につながっています。

＊核抜き・本土並み返還
核抜きは、沖縄の米軍基地から核弾頭を完全撤去すること、本土並みは、本土同様に日本政府が施政権を有することを指す。1969年11月、日米首脳は沖縄に基地を残したまま72年の沖縄返還に合意した。

「性（セクシュアリティ）」の解放──「生き方」を選ぶ自由

　1960年代の性の解放運動は、世界中で既成の社会秩序や規範を揺るがす若者たちの反乱を生み出しました。とりわけ、1969年のゲイバー「ストーンウォール・イン」への警察の弾圧以降、ゲイやレズビアンの解放運動が活発になり、異性愛主義偏重を批判し、LGBTQの権利を求める声が広まります。また、黒人女性たちやアジア・アフリカの女性たちは、欧米のリベラル・フェミニズムの白人女性中心主義を批判し、90年代以降、差別抑圧の要因としてジェンダー、セクシュアリティ、人種、障がい、社会的・経済的階層の交差をとらえる「インターセクショナリティ」という観点を深めました。

ゲイ・パレード
ストーンウォール事件の1年後、ニューヨークで行われたゲイ解放パレード。現在ではプライド・パレードとして毎年開催されている。
提供：The New York Times/アフロ（1970年6月28日）

ウーマン・リブ

　1960年代から70年代にかけて世界中で起こった女性解放運動（ウーマン・リブ）は、「個人的なことは政治的なこと」と宣言しています。女性が日々直面する性差別と闘う新しい運動で、男性の性欲処理の役割や子を産み育てる役割など「女であること」と「母性」のあり方を問題にしました。最も権利を奪われている女性障がい者たちとともに優生保護法改悪阻止にも取り組んでいます。

フェミニズムがなかった頃のフェミニズム
このよごれた衣類を一体誰が洗濯するのだろうか。当然女の仕事だときまっているようだ。……何から何まで主婦の手にわたさなくともよいと思う。

伊藤静江「主婦と洗濯」『ばんげ』第8号、1957年
成田青年会・滝沢義雄編『ばんげ（総集編）』（北上市成田青年会、1958年）

女性の権利を求めて自由の女神の防波堤の前にメッセージを掲げる女性たち
提供：mptvimages/アフロ（1970年8月10日）

優生保護法改正反対
法改正に反対する「中ピ連」（中絶禁止法に反対しピル解禁を要求する女性解放連合）やウーマン・リブ団体のメンバーたち。
提供：毎日新聞社（1973年5月12日）

脱冷戦への地殻変動

1980年代、世界各地で冷戦体制を突き崩していく「地殻変動」が起こりました。
強固で強力だと思われた冷戦世界が、崩壊していく背景について考えてみましょう。

国際秩序の変化――激動しはじめる世界

　20世紀末にかけてグローバル化が急速に展開し、多くの途上国では累積債務問題や構造調整政策が強制されたことで人びとは苦しみました。グローバル化と連動する形で国際秩序も大きく変化していきます。ベトナム戦争でのアメリカの敗北、米中国交樹立、イラン・イスラーム革命、パレスチナ国家の独立宣言、天安門事件など、世界のいたるところで国家あるいは地域レベルで旧来の社会秩序が転換する「地殻変動」が本格的に始まります。

アフガニスタン紛争
ソ連の軍事介入により、戒厳令下にある首都
カブール。
提供：AP／アフロ（1980年2月25日）

イランイラク戦争
提供：AP／アフロ（1980年9月30日）

ベトナム戦争終結
サイゴン（現ホーチミン市）で開かれたベトナム
全土解放を祝う祝賀会。
提供：日本電波ニュース社（ハノイ、1975年5月15日）

中東戦争と石油危機
（資源ナショナリズム、南北問題、パレスチナ問題）

　1948年のイスラエルの建国はアラブ諸国からの激しい反発を招き、四度の中東戦争を引き起こします。1973年の第四次中東戦争では、サウジアラビアなどのアラブ産油国が、敵対するイスラエルを支援しているとみなされた諸国への石油禁輸措置を発動し、世界規模でのオイルショックの引き金となりました。日本も深刻な燃料不足と急激な物価高騰に見舞われ、政府が高速道路での低速運転や暖房の設定温度調整などを呼びかける事態となりました。

第四次中東戦争とオイルショック
ダマスカスに向かって前進するイスラエルのセンチュリオン戦車。
提供：Ullstein bild/アフロ（1973年10月）

OAPEC緊急閣僚会議
クウェートで開かれたアラブ石油産出諸国の閣僚級会合。原油の供給制限や価格の引き上げが決定された。
提供：AP/アフロ（1973年10月17日）

新自由主義の萌芽

　新自由主義とは権威主義的な国家が民営化・規制緩和などを通じて企業や富裕層を優遇し、市場原理で運営される医療・教育・福祉・生活インフラの利用負担を国民に強いる社会経済政策です。新自由主義は軍事クーデター後の南米チリを皮切りに、イギリスのサッチャー政権、アメリカのレーガン政権、日本の中曽根政権によって大々的に推進されました。

独裁政権下の経済施策
チリでは、ピノチェト政権下で新自由主義的経済政策が導入された。一時的に経済の盛況がもたらされた一方、徹底した軍政がしかれ、人権抑圧や不正が続いた。
提供：BRISSAUD ERIC/Gamma/アフロ

アジアの難民問題

インドシナ難民
ベトナム戦争の混乱と政治体制の移行を背景
に、ベトナム、ラオス、カンボジアのインド
シナ三国では多くの難民が生まれた。
提供・撮影：押原譲（1979年7月）

国境を越えた医療支援

　内戦時のビアフラに派遣されたフランス人医師たちを
中心に、国家や組織の枠組みを越えた非政府組織「国境
なき医師団」が創設されました。

**ナイジェリア内戦
（ビアフラ紛争）**
ナイジェリア南部のイヒア
ラ市でデモを行うビアフラ
の女性たち。
提供：Camera Press/アフロ

国境なき医師団
独立・中立・公平を活動原
則とする憲章に調印する創
設メンバー。
提供：MSF©D.R.

虹の国をめざして

第三世界と反アパルトヘイト運動

　1948年から実施された南アフリカのアパルトヘイト
（人種隔離）政策に対し、世界各地から抗議の声があ
がります。そこで重要な役割を果たしたのが、植民地
支配から独立したばかりのアジアやアフリカといった第
三世界の国々でした。日本では1970年代後半から反ア
パルトヘイト運動が広がり、南アフリカ製品に対する
不買キャンペーンも行われました。

アパルトヘイト撤廃を訴え、来日
したネルソン・マンデラ氏
提供：AP/アフロ（1990年10月28日）

反核・反原発運動の広がり

核軍備への抵抗

　スリーマイル島原子力発電所2号機の事故は、世界に核エネルギーの恐ろしさを再認識させるものでした。米ソ冷戦体制下のヨーロッパ諸国で、核軍備に対する脅威が身近に迫るなか、人びとは各地で呼応し、連帯して自国の核配備に反対していきます。各国の自治体では非核宣言を定め、核を持ち込ませない行動を表明するようになりました。

スリーマイル島原子力発電所事故
アメリカ・スリーマイル島の原子力発電所の事故を受けて、反核・反原発を訴えてハリスブルグに集まった人びと。
提供：アメリカ公文書館

西ドイツ議会でビラを提示して抗議する議員
市民は核兵器の配備を決定したNATOの方針に異を唱えた。核軍縮を望む反対の声は西ヨーロッパ全土に広がり、日本の反核反戦運動にも影響を与えた。
提供：ドイツ連邦アーカイブBundesregierung/Ulrich Wienke

チェルノブイリ原発事故
原子力発電開発史上最悪の事故により大量の放射能がヨーロッパに拡散した。当初、事故に関する情報が隠されたことで人びとは不満を高め、それがソ連の崩壊につながる一因となった。
提供：AP/アフロ（1986年4月）

世界で取り組む性差別撤廃

国際婦人デー中央大会
提供：独立行政法人国立女性教育会館

アジアの民主化──民主主義（デモクラシー）へと向かう力

　アジア各国では、工業化と経済成長が進み、権利意識を高めた労働者や市民層が成長しました。さらに、ソ連のペレストロイカ（改革）や中国の改革開放政策により、それまで独裁的な政治体制を支えてきた冷戦体制が緩和・崩壊に向かったことから、各国で複数政党制議会政治や思想・言論の自由を求める民主化運動が広がりました。民主化運動はフィリピンを端緒に、韓国・台湾・中国・ミャンマー・タイ・インドネシアなどに波及していきました。

フィリピン エドゥサ革命／ピープル革命
提供・撮影：押原譲（1986年2月）

ビルマ（ミャンマー）8888民主化運動
民主主義を求め、首都ラングーンを練り歩く学生と僧侶たち。
提供：AP/アフロ（1988年8月）

中国 天安門事件（六四事件）
1989年6月4日未明、民主化を望んだ学生・市民が天安門広場に集合。治安当局が人民解放軍による武力弾圧を行った。
提供・撮影：押原譲

台湾の民主化

　国共内戦で敗れた中華民国の蒋介石総統
は台湾に拠点を移し、戒厳令*下の独裁政治
を行いました。しかし、民主化を求める市民
の声が高まり、1987年に戒厳令は撤廃されま
す。以後、政治改革が進み、選挙による政権
交代も実現しました。二・二八事件など人権
抑圧の歴史への真相究明のほか日本植民地
支配の功罪も問われています。

台湾 二・二八事件
提供：二二八国家紀念館

*戒厳令
戦時や自然災害、暴動等の緊急事態に際し、憲法・法律の一部の効力を停止し、行政権・司法権の一部ないし全部を軍の指揮下に移行
する軍事法規の一つ。台湾では、1947年の二・二八事件後、中華民国政権の下で1949年から1987年まで戒厳令がしかれた。この間、
政治活動や言論の自由は厳しく制限され、「白色テロ」と呼ばれる人権抑圧が行われた。

韓国の民主化

　1961年の軍部クーデター以後、韓国では軍事政権が続きますが、軍政内には日本の植民地支配協力
者が多数残っていました。しかし、学生・市民らによる民主化運動は、多くの犠牲を払いながら1987
年ついに軍政を退陣に追い込みます。民主化以降、植民地期や軍政期に発生した人権侵害事件の真
相究明と清算が進みました。

韓国 光州民主化運動
提供：FRANCOIS LOCHON/GAMMA/アフロ（1980年5月）

次世代への継承 ── 戦争の記憶と責任

平和のための戦争展

　「十五年戦争」を中心に実物資料や証言の展示を行い、地域の戦争体験を掘り起こし、継承していく市民主導の反戦平和運動の一つです。1976年の和歌山での開催がルーツとされ、1980年代になると東京、大阪、京都をはじめ、全国各地で開催されるようになりました。

第1回「平和のための京都の戦争展」
提供：平和のための京都の戦争展実行委員会事務局

日本の公民権運動

指紋押捺拒否運動

　1980年代、在日コリアン社会に人権を侵害する指紋押捺を拒否し、外国人登録制度に反対する機運が生まれます。他のアジア系・欧米系在日外国人とともに国籍・世代を越えて指紋押捺を拒否・留保する者が続出し、その数は1万人に達しました。外国人登録法*による指紋押捺制度は2000年に全廃されましたが、日本人市民の支援者も多数現れ、人権の尊重を求める在日外国人の声に日本社会が共鳴した時代でした。

＊外国人登録法
1952年制定。14歳以上の在留外国人（当時その9割は在日コリアン）に2年ごとの外国人登録更新と指紋押捺、外国人登録証の常時携帯を義務づけ、違反者には懲役・罰金などの刑罰まで科した。

歴史教科書問題

　日本の歴史教科書は日本のアジア侵略を「進出」などと書き換えているとして中国および韓国から外交的な抗議を受けて問題化します。1990年代に中高の歴史教科書に記載されていた日本軍「慰安婦」制度は、2000年代に加害者としての日本の歴史を否認しようとする勢力から批判を受けました。これを受け2021年の日本政府の閣議で「従軍慰安婦」や「（朝鮮人労働者の）強制連行」という記述は不適切と決定され、削除、改変されています。

外国人登録証の
指紋欄
提供：朝日新聞社

人差し指に自由を

私の（日本人の）友人は誰も指紋を取られません。……私が大きくなって子供ができて、またその子供ができても、みんな指紋をおさなければならないんですか。いったい何年続くんですか。

「ひとさし指の自由」編集委員会編『ひとさし指の自由──外国人登録法・指紋押捺拒否を闘う』（社会評論社、1984年、17頁）

テーマ3　尊厳の回復を求めて

被害の真実を語るには なにが必要?

　アジア太平洋戦争終結後、国際社会は戦争責任の追及に動きましたが、真実が抑圧され、心身に傷を負ったまま取り残されていく人びともいました。様々な暴力に向き合おうとする市民の活動は、そのような苦しみのなかにある人びとが尊厳を取り戻すうえで、重要な役割を果たしてきました。

　自分の身に起きたことを歳月をかけて語り出す人とその言葉に耳を傾ける人の存在は、やがて周囲や社会を動かし、人間の尊厳を取り戻す道を切り開いていくことになります。

失った足と仲間の痛みを受け止めて
安野輝子さん

　1945年7月、6歳のときに鹿児島県薩摩川内市への空襲で爆弾の破片により左ひざから下を失った安野さん。小学校は松葉杖で通い、中学校は遠くにあるため1週間も通うことができなかった。母の実家がある大阪へ転居した後は、差別や偏見を恐れて「人目を避けられるから」と洋裁で生計をたてていた。しかし、母のすすめで民間人の戦争被災者の被害を訴える活動に関わるようになり、2008年、大阪空襲訴訟の原告となる（2014年、最高裁判所で上告棄却、敗訴）。生き残った自分の使命として、自身や周囲の被害体験を語る活動を続けている。

提供：安野輝子（大阪・海水浴場、1973年）

提供：安野輝子/小原一真

民間人の空襲被害

　1944年11月以降に本格化した日本の各都市への空襲は、普通にくらしていた多くの人びとの命を奪い、心と身体に大きな傷を与えた。軍人・軍属の戦傷病者と遺族には恩給や年金が支給される一方で、同様に被害を受けた民間人に対してはそうした補償がない。また、旧植民地出身者を含めた被害者の実態も調査されてこなかった。国の責任と救済を訴える声は、半世紀以上退けられている。

今 が一番苦しい──慟哭の中で
裴奉奇（ペ ボン ギ）さん

朝鮮半島の貧しい農村に生まれた裴奉奇さんは、幼い頃に奉公に出される。1944年、30歳のときに金儲けの話に騙されて釜山（プサン）から渡嘉敷島（とかしき）に連れてこられ、慰安所へと送られた。1945年３月、米軍上陸後の戦火をくぐり、収容所を経て沖縄本島へ移る。米軍占領下の沖縄では食堂の皿洗い、飲食街の雑用等、住む場所を転々とする生活を送った。騙されて連れてこられた異国には知人もおらず、言葉も通じない、お金も行くあてもない生活を繰り返す。過去をたどることは苦痛でしかなく、生涯、首

提供：金賢玉（沖縄・知人宅、1988年）

を刺したくなるほどの頭痛に苦しんだ。しかし、体を壊して働けなくなり生活保護を申請した際、戸籍をもっていないことが問題となり、なぜ日本でくらすことになったのか過去を話すことになる。人とのかかわりを避けてサトウキビ畑の小屋でくらした晩年は、支援活動を行っていた金洙燮（キムスソップ）・金賢玉（キムヒョノク）夫妻や、取材を通じて知り合った川田文子さんら数少ない人たちと言葉を交わす日々を過ごした。

沖縄の日本軍「慰安婦」

　1944年3月に第32軍が配備された沖縄では、全域に日本軍慰安所が設けられた。那覇にあった辻遊郭や九州各地のほか、多くは朝鮮半島から連れてこられた女性たちが「慰安婦」とされた。沖縄戦で犠牲になった人も多い。戦後、故郷に帰ることができなかった人は、占領下で無国籍のままの生活を強いられた。民家が使用されることもあった慰安所の存在は、住民の記憶に深く刻まれている。

よく遊びに通った事務所の前で金賢玉さんと
提供：金賢玉

奪 われた家族を取り戻す
ロサリーナ・トゥユク・ベラスケスさん

冷戦下の中米グアテマラの内戦で夫や父を殺されたマヤの女性たちが1988年に「コナビグア（CONAVIGUA）」（連れ合いを奪われた女性たちの会）を設立。共同代表のロサリーナ・トゥユク・ベラスケスさんは1982年に父が軍に連れ去られ、夫と首都へ避難するが1985年には夫も軍に連行された。警察、病院、墓地などを巡って夫を捜しながら2人の子を養うなか、多くの同様の境遇の女性たちと出会う。内戦が続くなか、虐殺の実態を究明し故人の尊厳を取り戻すため、被害者の遺体が埋められた「秘密墓地」を発掘し、軍の手先となった「自警団」の解体や強制徴兵制の廃止を政府に求めて実現させる。性暴力反対や女性の政治参加にも取り組んでいる。

提供・協力：日本ラテンアメリカ協力ネットワーク（RECOM）　古谷桂信撮影（グアテマラ・国会議員選挙演説、1995年）

グアテマラの内戦

　1961年から1996年までの36年間にわたる内戦で、アメリカの支援・訓練を受けた政府軍が左派ゲリラとの内戦のなかで多くの住民を弾圧した。人口の過半数を占めながら、白人中心の支配階層に抑圧されてきた農村部の先住民族マヤの人びとは「ゲリラの温床」として迫害され、虐殺や性暴力などあらゆる人権侵害が行われた。

家族が打ち捨てられた秘密墓地の発掘
内戦中に始められ、1996年の内戦終結後、少しずつ広がっている。
提供・協力：日本ラテンアメリカ協力ネットワーク（RECOM）
古谷桂信撮影

子ども兵士という絶望を乗り越えて
オコト・ジョセフさん

1995年、8歳のときにウガンダの反政府武装組織「神の抵抗軍（LRA）」に誘拐される。スーダンのキャンプで8年間兵士として戦闘を強要され、逃げ出した仲間を殺すよう命じられた恐怖はジョセフさんの心の傷となる。ウガンダ政府軍により救出される途中で大けがを負うが、療養中「悪い心（魂）」をもっていると疑われたため家族の見舞いもなく、集落に戻っても受け入れてもらえなかった。絶望のなか必死でリハビリと職業訓練に取り組み、洋裁技術を身につけ自活する手段を得て、自分への自信と家族との関係を取り戻す。今は仕事をしながら、同じ境遇にある元子ども兵士たちへの指導にあたっている。

自分の店をもつ夢をかなえる
提供・協力：認定NPO法人テラ・ルネッサンス

ウガンダの紛争

1980年代の政権交代をめぐる混乱のなか、ウガンダ北部地域は20年以上紛争状態に置かれた。政府軍と反政府武装組織LRAとの内戦では、多くの子どもたちが誘拐後、兵士にされたり、強制結婚させられたりした。帰還することができた元子ども兵たちは身体的・精神的に大きな傷を抱え、自分たちだけでは基本的な衣食住を満たし、医療を受けることさえ難しい。2006年、ウガンダ政府とLRAとの間に停戦合意が成立する。

洋裁を教えるオコトさん
提供・協力：認定NPO法人テラ・ルネッサンス

PART. グローバル化した世界

グローバル化

した世界

東欧再編とグローバルサウス における平和創造

東西冷戦体制の崩壊は民族、地域間の紛争の引き金となりましたが、
地球規模の環境問題、女性差別などに対して、
国際社会全体で取り組む制度を整える機会にもなりました。

東欧革命──民主化への躍動

冷戦期の東側諸国は、社会主義体制のため自由や人権を厳しく制限していました。1989年のベルリンの壁の崩壊をきっかけに、東ヨーロッパ諸国で自由や人権を求める声が急激に高まり、各国の社会主義政権は倒れます。社会主義のリーダーであったソ連は、その動きを容認しました。これら一連の出来事は東欧革命と呼ばれています。

ベルリンの壁崩壊、東西ドイツ統一へ
東西ドイツをへだてていた壁を越えるベルリン市民。翌1990年、ドイツ連邦共和国が誕生した。
提供：ドイツ連邦アーカイブ Bundesregierung/Klaus Lehnartz（1989年11月9日）

ライプツィヒ市民運動
東西ドイツ統一の原動力となった月曜デモ。1982年に市内の教会で始められた「東西の軍拡競争に反対する平和の祈り」は大規模な平和行進へと発展した。
提供：Robert-Havemann-Gesellschaft e. V. ©Radomski, Aram; Schefke Siegbert（ドイツ民主共和国（旧東ドイツ）・ライプツィヒ、1989年10月9日）

多彩な国連PKO活動の展開——国連平和活動の活性化

　国連平和維持活動（PKO）は当初、紛争当事国間に緩衝地帯を設け、停戦監視の機能を果たしていましたが、米ソ冷戦体制崩壊後の1990年代になると国内紛争の増加に伴い、停戦監視のみならず、平和の構築にも対応するようになりました。紛争終結後のカンボジア復興がその一つです。その後、PKOはソマリアや旧ユーゴのように紛争中の国々でも展開されるようになり、PKO要員の安全確保や北大西洋条約機構（NATO）の平和強制行動への過度な依存が課題となりました。

日本の国際貢献とは？

　冷戦終結後、国際平和活動が活発化するなかで、自衛隊も国連PKOなどに参加すべきという声が高まります。自衛隊は日本国憲法9条の下でその活動に厳しい制約がありますが、その制約とPKO参加とを調整する努力がなされ、国会内外での激論の末に、PKO等協力法が成立しました。この法律に基づいて、カンボジアに自衛隊が派遣されています。

有権者登録を勧める看板前で登録証を見せるカンボジア人男性
UNTAC（国連カンボジア暫定統治機構）の支援の下、初めて民主的な国政選挙が実施された。
©UN Photo/Pernaca Sudhakaran（カンボジア・プノンペン、1992年9月1日）

国籍を与えられず難民となるミャンマーのイスラム系少数民族ロヒンギャ
ミャンマーでは1962年に独裁政権による軍事支配の下、少数民族への差別、迫害が行われ始めた。1982年の改正国籍法で先住民族とみなされなかったロヒンギャは国民と認められず、国籍を失った。以降多くの人がバングラデシュへと避難した。軍事政権下で続く弾圧は複雑な民族間の偏見と対立を生み、100万人にのぼるロヒンギャ難民の帰還を困難にしている。
提供・撮影：押原譲

コソボ紛争

　セルビア共和国（ユーゴスラビア連邦）コソボ自治州では、セルビア人とアルバニア人との根深い民族対立が武力紛争に至ります。さらに、セルビア人に虐殺されていたアルバニア人を保護するという名目で、1999年、NATOはセルビアを空爆しました。これは国連安全保障理事会の承認のない軍事行動でしたが、NATOは人道的介入として正当化しました。

ボスニア・ヘルツェゴビナ紛争で攻撃されたビル内で暮らす少女
提供・撮影：押原譲（ボスニアヘルツェゴビナ・サラエボ、1996年）

対人地雷禁止条約

　対人地雷は、製造が容易で安価なため世界中で使用され、多くの死傷者を生んできました。その多くが民間人だったこともあり、非政府組織（NGO）等が地雷全廃を求め、条約は形成されました。兵器の全廃条約が形成された意義は大きく、クラスター弾に関する条約や核兵器禁止条約の形成過程にも影響を与えています。

湾岸戦争──多国籍軍と「正当化」された武力行使

　イラクのクウェート侵攻に対し、アメリカ軍は精密誘導兵器による「ピン・ポイント攻撃」で防空網を破壊、反撃能力を奪うことでアメリカ兵の死者を抑え、学校や病院など非軍事目標を無差別爆撃して20万人以上のイラクの人びとを殺害しました。戦争を短期化して被害を矮小化し、アメリカ国内の世論の反発を抑えることに成功しましたが、イラクの被害は戦後に先送りされ、兵士は湾岸戦争症候群に苦しんでいます。湾岸戦争は、アメリカ軍を中心とした多国籍軍による武力行使でしたが、それは国連安全保障理事会が認めた行動でした。

アメリカ
イギリス
　軍人　1,922人

イラク
　軍人　100,000人
　民間人　爆撃による 25,000人〜113,000人
　　　　　間接的 25,000人

湾岸戦争犠牲者数
The Defense Casualty Analysis System（DCAS）
ヨルダン新月社発表「アメリカの戦争犯罪法廷のための調査委員会」報告書を基に当館作成

湾岸戦争多国籍軍

アラブ首長国連邦	オーストラリア	ノルウェー
エジプト	オランダ	パキスタン
オマーン	カナダ	ハンガリー
カタール	韓国	バングラデシュ
クウェート	ギリシャ	フィリピン
サウジアラビア	スウェーデン	フランス
シリア	スペイン	ベルギー
バーレーン	セネガル	ポーランド
モロッコ	チェコスロバキア	ポルトガル
アメリカ	デンマーク	ホンジュラス
アルゼンチン	トルコ	マレーシア
イギリス	ニジェール	ルーマニア
イタリア	ニュージーランド	

湾岸戦争で攻撃を受け、燃え続ける油田
提供：Steve McCurry / MagnumPhotos /アフロ（クウェート、1991年）

香港・澳門返還——植民地の返還

香港はイギリス（大英帝国）の植民地としての道を歩んできましたが、1984年締結の英中共同声明に基づき、1997年7月1日、主権が中国に移されました。同じく澳門も1999年12月20日にポルトガルから中国へ主権が返還されます。両地域とも50年間は一国二制度により高度の自治を享受することになっていましたが、最近は北京政府の干渉を受け状況が変わりつつあります。

返還にあたりイギリス国旗にかわって掲げられる中国国旗
提供：ロイター／アフロ

アフリカの地域紛争——台頭するグローバルサウス

冷戦後のアフリカ諸国では、民主化プロセスを経て政治的自由が拡大する国々が増えた一方で、深刻な地域紛争に苦しむ国々も少なからずみられました。21世紀に入ってからも国家崩壊の危機や多数の難民をもたらす紛争に対して近隣諸国・アフリカ連合・国際連合による度重なる調停が行われ、平和維持活動のための部隊が長期間にわたって派遣されてきたものの、紛争の解決には至っていません。

21世紀（2000-2020年）地域紛争図
ダン・スミス著 澤田治美監修『〈国別比較〉危機・格差・多様性の世界地図』（柊風舎、2022年）を基に当館作成

平和をつくる主体としてのNGO

ボランティア元年に

阪神淡路大震災

　阪神淡路大震災被災者支援のためにいち早く集まった人たちによって、非営利団体『神戸元気村』が誕生しました。活動はその後の災害ボランティア活動の手本となっています。

阪神淡路大震災における元気
村ボランティア活動
提供：一般社団法人OPENJAPAN
（1995年1月19日）

地球とともに生きるために

地球サミット

　国連環境開発会議は、開催地の名を取ってリオ会議とも呼ばれます。冷戦後の国際的課題として地球環境問題に取り組むために、持続可能な開発を目指す「リオ宣言」とそのための行動計画「アジェンダ21」、さらに2つの環境条約（国連気候変動枠組条約と生物多様性条約）が作成されました。

地球温暖化防止京都会議（COP3）

　1997年12月に国立京都国際会館で開催された第3回気候変動枠組条約締約国会議は、国内では地球温暖化防止京都会議と名づけられました。激しい議論の結果、この会議で採択された京都議定書は、先進国に対する温室効果ガスの削減義務や削減のための仕組み（京都メカニズム）の導入に成功しています。

女性への暴力をなくすために

男女共同参画社会基本法とジェンダーバックラッシュ

　性差別や性に起因する暴力の根絶、男女平等の実現を目指して制定されましたが、その反動として、保守派の政治家や市民がジェンダーフリー（男らしさ・女らしさからの解放）や子どもの人権を守るための性教育を攻撃するジェンダーバックラッシュが起きました。さらに基本法の理念に反した条例が策定されることもありました。

NGOフォーラム北京'95におけるパフォーマンス
女性に対する差別、暴力をなくすための活動が実を結び、第4回世界女性会議（北京会議）ではジェンダー平等の指針となる「北京宣言」「行動綱領」が採択された。同時開催されたNGOフォーラムには日本からも多くのNGO、市民団体が参加した。
提供：独立行政法人国立女性教育会館（中国懐柔県、1995年9月4日）

アメリカ兵少女暴行事件抗議県民集会
沖縄本島北部で起きたアメリカ兵による少女暴行事件をきっかけに、基地の重圧、女性の人権、日米地位協定の不平等などが浮き彫りにされ、抗議のうねりが高まった。
提供：朝日新聞社

世界の平和を築くために

ハーグ平和アピール

　オランダのハーグで世界の平和NGOの会議が開催され、冷戦後の平和運動の一大結節点を築きました。会議を準備する過程では「21世紀の平和と正義のためのハーグ・アジェンダ」が作成され、会議の最終日に発表された「公正な世界秩序のための10の基本原則」の第1原則は、日本国憲法9条に言及して戦争放棄を求めています。

「人権の世紀」のはじまり

21世紀、多発するテロに対して武力で対抗し、
武力紛争や対立の構造が一層複雑化します。
一方、過去の植民地支配、奴隷制の過ちを認め
国際社会は和解への画期的な一歩を進めます。

人種主義・人種差別・排外主義および
関連する不寛容に反対する世界会議（ダーバン会議）
──人種差別、奴隷制、植民地支配からの決別

　ダーバン会議は、冷戦後に世界各地で激化していた民族間の対立や武力抗争に取り組むため、アパルトヘイトを克服し民主化を遂げたばかりの南アフリカのダーバンで開催されました。このとき初めて、奴隷制や植民地主義が招いた不正義が本格的に議論され、清算されていない過去の問題があらためて確認されました。また、職業と生まれに基づく差別に対する議論も活性化し、日本の部落差別や南アジアのダリット差別も国際的に共有されました。

ダーバン会議
NGOフォーラムのパフォーマンス
ダリット（被差別カースト）、日本の部落差別など職業と世系（門地）に基づく差別に反対する人びとによるデモ。
提供：一般財団法人アジア・太平洋人権情報センター

女性国際戦犯法廷

日本軍「慰安婦」制度をめぐり、正義の実現のために開かれた民衆法廷で、松井やよりなど日本の女性たちが提案し、被害国の人びととの国際的な連携によって開催されました。被害者や加害者の証言、掘り起こされた軍公文書等の証拠資料に基づき、オランダ・ハーグでの最終判決は、昭和天皇らを有罪とし、日本政府の国家責任を認めました。日本政府による被害女性への謝罪と完全な補償はいまだ行われておらず、判決の実現はグローバルな市民社会*の課題です。

フィリピンの審議開始の様子（法廷2日目）
左端に座る被害者たち
合わせて開催された「現代の紛争下の女性に対する犯罪」国際公聴会では、現代にも続いている戦時下の性暴力について、各国から集まった女性たちが証言した。
提供：VAWW RAC（2000年12月9日）

＊市民社会
法のもと自由と人権が保障された市民が構成する平等な社会、およびその実現のために行動する個人や団体を意味する。

世界社会フォーラム

経済中心のグローバル化がもたらす不平等、格差、環境破壊などの問題を批判して、社会運動家やNGOが世界中から集まって開催されました。民族、ジェンダー、宗教などの違いを越えて多様な人びとが意見を交すことで公正で平等な「もう一つの世界」の実現を目指します。各地の市民社会の活動と連動しながら、毎年続けられています。

国際刑事裁判所（ICC）の設立

国際刑事裁判所の構想は国連の活動開始と同時に始まり、世界中の法学者が議論を重ねて設立されました。「国際社会全体の関心事である最も重大な犯罪」であるジェノサイド・人道に対する犯罪・戦争犯罪・侵略犯罪という4つの犯罪に関わった最も責任ある人の裁判を行っています。

UNTAET（国連東ティモール暫定行政機構）本部で初代大統領シャナナ・グスマンに渡された「権限委譲を象徴する鍵」
植民地であった東ティモールでは1975年にポルトガルから独立後、1976年にインドネシアが武力侵攻した。グスマン、ホセ・ラモス・ホルタ（中央）らによる長年の独立運動が国際社会を動かし、1999年に独立の是非を問う住民投票が実る。UNTAETの下、独立に向けた国づくりが進められた。
提供：読売新聞社（東ティモール・ディリ、2002年5月16日）

「対テロ戦争」のはじまり

■ アメリカのアフガニスタン攻撃

　アメリカ政府は「同時多発テロ」がアル・カイーダによって実行されたとして、指導者ビン・ラディンの引き渡しを拒んだアフガニスタンのタリバーン政権をNATO加盟国と共に攻撃し、崩壊させました。アフガニスタンでの「対テロ戦争」は20年にもおよび、その間ブッシュ、オバマ、トランプ、バイデンと大統領が変わりました。

用水路竣工式にて、維持管理の重要性について話す中村医師
中村哲医師（1946-2019）は、1984年にパキスタンのカイバル・パクトゥンクワ州都ペシャワールのミッション病院ハンセン病棟に赴任。以降、アフガニスタン、パキスタン両国で医療支援のほか、農業、灌漑、治水事業を展開し、現地の地域社会を総合的に支えるため尽力した。
提供：ペシャワール会（アフガニスタン・シェイワ郡・シェイワ堰、2008年3月15日）

アメリカ同時多発テロ事件
世界貿易センタービル
アメリカのニューヨーク、ワシントン、ピッツバーグの3都市、4カ所で起きた民間航空機によるテロ事件。
提供：ロイター /アフロ

手を取りあう世界の市民

イラク戦争反対運動

アメリカのジョージ・W・ブッシュ大統領はイラクには大量破壊兵器があるとして軍事攻撃の準備を進めますが、これに対し、攻撃中止を求める反戦運動は世界各地に広がりました。日本でも既存の平和運動に加え、若い世代がインターネットを駆使して、日米安保体制、自衛隊の機能拡大とアメリカ軍への協力のあり方を問いつつ、数万人規模のデモを成功させます。

九条の会発足

九条の会は井上ひさし、梅原猛、大江健三郎、奥平康弘、小田実、加藤周一、澤地久枝、鶴見俊輔、三木睦子ら、日本を代表する9人の知識人の呼びかけで始まりました。憲法9条擁護を通じて平和を追求する運動であり、日本各地の地域、職域、専門分野等で活動しています。

アメリカ軍の誤認爆撃により自宅を破壊され父親を殺された姉妹
2003年3月20日、アメリカはイラクへの攻撃を開始しイラク戦争が始まった。フセイン政権は倒されたが、多くの市民が犠牲になった。
提供・撮影：押原譲（2003年12月）

アメリカ金融危機――新自由主義の暴走 人びとの憤り

2008年9月に大手投資銀行（証券会社）のリーマン・ブラザーズが破産、法的救済を申請し、これを皮切りに他の大手の投資銀行、商業銀行、保険会社の経営危機が続発します。これらはいずれも、住宅ローンのうち低所得者や返済能力の低い者への非優良貸付（サブプライム・ローン）に関わっていました。その背景には、2007年以降の住宅市場のバブル崩壊とサブプライム・ローンの返済悪化などがあり、国際的な経済不況を引き起こしました。

ウォール街占拠運動
ニューヨーク市ズッコティ公園で始まった、1％の富裕層が富を独占しているとした所得の不平等、格差社会に対する抗議運動は世界中の都市に広がった。
提供：GRANGER.COM/アフロ（2011年9月）

「アラブの春」の始まり
──ソーシャルメディアから広がる革命

　アラブ諸国では、民主化を求める運動が高まり、若者を中心にソーシャル・ネットワーキング・サービス（SNS）などを通じて多くの人びとが大規模デモに参加しました。独裁体制下のチュニジア・リビア・エジプト・イエメンでは首相や大統領が辞任に追い込まれ、より開かれた民主的な政治への期待が高まりました。しかし暴力を伴う急激な政治的変化は大きな混乱も招き、シリアやイエメンでの内戦、エジプトでのより強固な権威主義体制の登場など、一般の人びとの生活が犠牲になる状況が続いています。

薬莢を手に微笑む子どもたち
変わりはじめた街 リビアの首都トリポリ
提供：朝日新聞社

香港雨傘革命
香港での民主的で公正な選挙などを求めた学生らが路上を占拠し始めて1カ月、運動の象徴になっている傘をひろげる市民。
提供：朝日新聞社（香港・金鐘、2014年10月28日）

新しい市民的不服従*のかたち

内部告発サイト創始者ジュリアン・アサンジ
ウィキリークスは各国政府機関、企業などについて世界中から匿名で投稿された内部情報を公開し、市民が知るべき重要な情報や不正を告発する非営利のウェブサイト。インターネットの普及とともに、社会的、政治的意図をもってサイバー攻撃（ハッキング）を行う新しい形の社会運動が広がりをみせている。
提供：Photoshot/アフロ（2010年7月26日）

＊市民的不服従
自らの良心に従い、公のためにかつ非暴力で、特定の法律や制度、政府の政策を変えようとする行動。公民権運動や、信条や信仰に基づいて兵役を拒む良心的兵役拒否などがある。

すべての民族が尊重されるために

先住民族の権利に関する国際連合宣言

　国連総会は、独自の文化、言語、慣習を維持、発展させる権利を、先住民「個人」だけでなく、その「集団」に対しても認めました。先住民「個人」の権利を承認するとともに、先住民「集団」に自治をする権利や土地・資源に対する権利を認めましたが、独立する権利は認められていません。

私はエンチウ
「なんも、北海道アイヌもおなじだろ？」何度も何度も何度も言われました。「少数者の中の少数者がいるんだよ」と言っても無視され続けました。エンチウ（樺太アイヌ）であることは、国が証明するものではなく、私たち自身が決めること。

田澤守
樺太アイヌ協会会長

東日本大震災 東京電力福島第一原子力発電所事故
——起こりえないはずだった事故、核災害

　東北地方太平洋沖地震により発生した津波で、福島第一原発の非常用電源が水没した結果、冷却水を失った核燃料が溶融して多量の放射能が放出され、16万人以上の人びとが避難しました。原発内部の高レベル放射性物質を取り出す見通しは立たず、多くの避難者の帰還を妨げています。

水素爆発後の福島第一原発３号機原子炉建屋の外観
提供：東京電力ホールディングス（2011年3月15日）

福島第一原発事故で避難してきた福島県など被災地からの住民
提供：朝日新聞社（さいたま市、2011年3月20日）

シリア難民——ヨーロッパへの難民

　シリアでは、2011年にアサド独裁政権に対する反対運動を政府が武力制圧したことから内戦となりました。反政府勢力の対立や、過激派組織「IS（イスラム国）」の参戦により多数の人びとが死亡、または国内外に逃れて難民になるなど、人口の半分が犠牲になっています。多くのシリア難民はドイツなどヨーロッパ諸国にまで移動しましたが、反発を招いて難民を締め出す動きとなりました。アサド政権は現在もシリアの大半を支配していますが、北西部では武力衝突が続き、難民たちは先の見えない不安な生活を続けています。

ヨーロッパへ逃れる難民
©UNHCR/Achilleas Zavallis
（ギリシャ・レスボス島、（2015年9月2日）

SDGs 持続可能な開発目標
——貧困、格差、私たちの問題として

　持続可能な開発目標（SDGs）は、2015年の国連サミットで全会一致で採択されました。前身である2000年採択のミレニアム開発目標（MDGs）が、1960年代来の「国連開発の10年」などの開発協力活動継承の意味ももっていたのに対して、SDGsは先進国も含めて「地球上の誰一人置き去りにしないこと、経済、社会、環境をめぐる課題を総合的に解決すること」を目指します。国家だけでなく、市民社会、個人が協働して取り組むことが求められていることに大きな特徴があります。

ラナ・プラザビル崩落事故で親や家族を亡くした子どもたち
バングラデシュの首都ダッカ近郊で複数の縫製工場が入ったビルが崩落し、多くの死傷者を出した。アパレル業界における労働環境および人権問題が、国際的に取り上げられるきっかけとなった。
©Clean Clothes Campaign /Bangladesh Center for Worker Solidarity

沖縄の基地負担

アメリカ軍ヘリパッド建設阻止のために座り込む住民
沖縄県東村・国頭村にあるアメリカ軍北部訓練場の過半返還を条件に、2007年より断続的にヘリパッド（ヘリコプター発着場）建設
が進められた。住民らは自然環境や生活へ悪影響を及ぼすとして座り込んで工事を阻止してきたが、建設は強行され12月に完成した。
提供：大畑豊（沖縄県国頭郡東村アメリカ軍北部訓練場付近、2016年7月19日）

自衛隊の役割拡大へ

平和安全法制の成立（安全保障関連法）

　第2次安倍政権は、冷戦後最も大きな違憲とも批判される平和・安全保障政策の法的転換をしました。2014年、集団的自衛権*の限定的行使容認へと憲法解釈を変更し、翌年には、日米防衛協力の指針の改定とともに、自衛隊の活動範囲を拡大する平和安全法制（新安保法制）を成立させています。

＊集団的自衛権
国連憲章第51条で加盟国に認められた自分の国を守る自衛の権利のうち、自国と関係の深い地域、国が武力攻撃を受けた場合に一緒に
行動する権利。

SEALDs KANSAIの活動
2014年、特定秘密保護法、安全保障関連法
などに反対する大学生たちが中心となって、
SEALDsとして緊急行動を起こし、全国各地
でデモなどを行った。10代～20代の若い世
代が集まり自由で民主的な政治のために声
をあげた。
提供・撮影：早瀬道生（京都・円山公園、2015
年6月21日）

南シナ海仲裁裁判所の裁定──資源をめぐる争い 海は誰のもの？

　南シナ海では中国、フィリピン、ベトナムなどの沿岸国の間で島々の領有権や海域に関する紛争が生じていましたが、2013年にフィリピンは、中国を相手どり仲裁裁判に訴えます。中国は欠席しましたが、仲裁裁判所は2016年の判決で

①中国の歴史的権利や主権的権利の主張（九段線）は国連海洋法条約に違反し法的効果なし
②係争地形は島ではなく岩
③中国の海洋環境の保護義務違反などを確認しました。

核兵器禁止条約
──核兵器廃絶への一歩

　2017年、国連総会で核兵器禁止条約が採択（2021年発効）されました。その背景には1990年代からの医師・法律家・科学者の国際的な協力がありました。同条約は、核兵器の開発、実験、製造、保有、移譲、使用、威嚇のすべてを禁止しましたが、核保有国は参加していません。今後、多くの国が条約を批准し、核保有国を包囲することが大切です。

ICAN ピースボート ノーベル平和賞受賞を祝って
核兵器禁止条約採択に向けて活動を展開したICAN（核兵器廃絶国際キャンペーン）がノーベル平和賞を受賞した。ピースボートは日本における国際運営団体を務めている。
提供：ピースボート（2017年）

戦時下の性暴力を根絶するために

ムクウェゲ医師、
ナディア氏、
ノーベル賞受賞

　戦争や武力紛争の武器として性暴力が使われることを終わらせる努力に対して、ノーベル平和賞が贈られた。

デニ・ムクウェゲ医師
1999年、コンゴ民主共和国の紛争地に病院を設立。産婦人科医として、組織的な性的暴力を受けた女性や子どもたちの心と身体のケアを行い、その惨状を命を懸けて国際社会に訴え続けている。
提供：AFP/アフロ

ナディア・ムラド氏
2014年、過激派組織「イスラム国（IS）」による少数民族ヤジディに対する襲撃で、自身を含めた多くの女性が強制結婚させられ性奴隷にされた被害を実名で告発。二度と同じ犠牲を出さないために活動を続けている。
提供：Nadia's Initiative

新型コロナウイルス（COVID-19）感染症
──自然界との共生

コロナウイルスの突然変異によって中国の武漢市で発生した新型コロナウイルスは、世界中に感染が拡大しパンデミック（世界的流行）となりました。「ウイルスはパスポートをもたない」という表現があります。一国だけでの国境封鎖、厳しい検疫、ワクチンの買い占めではパンデミックの制圧は不可能であり、世界の人びとの連帯と協力が必要です。

中国・武漢市のロックダウン（都市封鎖）
新型コロナウイルス感染症の拡大を防ぐため、世界各地で都市封鎖が行われ人びとの移動は著しく制限された。
提供：AFP/アフロ（2022年1月25日）

性別は誰が決める？

京都レインボープライドパレード 2020
提供：京都レインボープライド

サンパウロで行われたプライドパレード2014
世界各地でセクシュアル・マイノリティが集まり開催される。
提供：AP/アフロ

新しい世界秩序の追求

アジア、グローバルサウスとつながり
新しいもう一つの世界の可能性がみえてきました。
私たちは何を選び、誰と手を取り合って行動していくのでしょうか。

一人一人の価値、
平等になっているかな？

アメリカでのブラック・ライブズ・マター運動
警察による暴力の終結を求めるデモ行進がマーティ
ン・ルーサー・キングJr.牧師記念日に行われた。
提供：Keiko Hiromi/アフロ（アメリカ・マサチューセッ
ツ州ボストン、2021年1月18日）

人権は奪われたまま？

クーデターで実権を掌握した軍に抗議する人びと
ミャンマーでは、前年の総選挙で圧勝したアウンサンスーチー国家顧問
ら国民民主連盟（NLD）政権の主導者が国軍に拘束され、国軍トップの
ミンアウンフライン司令官が全権を掌握した。しかし、NLD議員や少数
民族組織のリーダーらは国民統一政府（NUG）を樹立し、国内外やオン
ラインで政治活動を展開している。
提供：AP/アフロ

もう一度、戦争を選ぶの？

ロシアがウクライナへ軍事侵攻
した直後に行われたロシア国内
での反戦デモ
提供：ロイター/アフロ（ロシア・サン
クトペテルブルグ、2022年2月24日）

わたしたちの平和創造宣言!

平和をつくる3つのピース

　人びとは世界を巻き込んだ二度の戦争を経験し、何度も暴力にさらされながら、一方でそれを防ぐ努力もしてきました。

　国際平和は、国連など国際機関、政府、企業、市民社会など様々な役割をもった個人や組織が協力して実現することができます。平和創造へ向けて、あなたならどんな一歩を踏み出しますか?

人間の安全保障

　「人間の安全保障」は、国連開発計画（UNDP）が「人間開発報告書」で1994年に初めて提唱した概念です。武力で領土を守るという国家中心の安全保障から転換し、開発などを通じて実現する、人間を中心とした新しい安全保障のあり方を提示しました。「人間一人ひとりが紛争や災害、感染症などの『恐怖』、そして食料や教育、医療など生きていく上で必要なものの『欠乏』から自由になり、尊厳を持って生きられる社会」を目指すという考え方です。

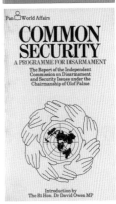

パルメ委員会『共通の安全保障（COMMON SECURITY）』（1982年）
敵対するのではなく軍縮によってともに生き残るという考え方は、冷戦を終わらせるきっかけにもなった。

1
平和の基
―理念で支える―

国際法や憲章、宣言など、平和のための基本的な考え方です。

私たちは戦争を起こしたり、暴力を目の前にしたりするたびに、平和とは何かを考え、平和をつくりあげる決意をしてきました。それは、憲章や宣言などに姿をかえて、平和をつくりあげていく土台になっています。

日本は世界の国々とともに生きていく

日本国憲法

前文

日本国民は、恒久の平和を念願し、人間相互の関係を支配する崇高な理想を深く自覚するのであって、平和を愛する諸国民の公正と信義に信頼して、われらの安全と生存を保持しようと決意した。われらは、平和を維持し、専制と隷従、圧迫と偏狭を地上から永遠に除去しようと努めている国際社会において、名誉ある地位を占めたいと思ふ。われらは、全世界の国民が、ひとしく恐怖と欠乏から免かれ、平和のうちに生存する権利を有することを確認する。

1946年11月3日公布

平和のために大切な4つの自由

4つの自由

・言論および表現の自由　　・欠乏からの自由

・信仰の自由　　・恐怖からの自由

アメリカ第32代大統領F・D・ルーズベルト
1941年1月6日「年頭教書」より

武力を放棄しよう

日本国憲法

9条

日本国民は、正義と秩序を基調とする国際平和を誠実に希求し、国権の発動たる戦争と、武力による威嚇又は武力の行使は、国際紛争を解決する手段としては、永久にこれを放棄する。

前項の目的を達するため、陸海空軍その他の戦力は、これを保持しない。国の交戦権は、これを認めない。

1946年11月3日公布

働く側の権利こそ大切

国際労働機関（ILO）憲章

前文

　世界の永続する平和は、社会正義を基礎としてのみ確立することができる。

　一部の貧困は全体の繁栄にとって脅威である。

1919年6月28日ヴェルサイユ条約署名

先住民族は差別されない権利をもっている

先住民族の権利に関する国際連合宣言

2条

　先住民族及び先住民である個人は、自由であり、かつ、他のすべての民族及び個人と平等であって、その権利の行使に当たり、いかなる差別、特に先住民としての出自又はアイデンティティに基づく差別を受けない権利を有する。

2007年9月13日採択

すべての人が人権をもっている

世界人権宣言

1条

　すべての人間は、生れながらにして自由であり、かつ、尊厳と権利とについて平等である。人間は、理性と良心とを授けられており、互いに同胞の精神をもって行動しなければならない。

1948年12月10日採択

国際紛争は平和的手段で解決しよう

国連憲章

2条3項

　すべての加盟国は、その国際紛争を平和的手段によって国際の平和及び安全並びに正義を危くしないように解決しなければならない。

2条4項

　すべての加盟国は、その国際関係において、武力による威嚇又は武力の行使を、いかなる国の領土保全又は政治的独立に対するものも、また、国際連合の目的と両立しない他のいかなる方法によるものも慎まなければならない。

1945年6月26日調印

多様な文化を認め合う

ユネスコ憲章

前文

　戦争は人の心の中で生まれるものであるから、人の心の中に平和のとりでを築かなければならない。

　相互の風習と生活を知らないことは、人類の歴史を通じて世界の諸人民の間に疑惑と不信を起こした共通の原因であり、この疑惑と不信のために、諸人民の不一致があまりにもしばしば戦争となった。

1945年11月16日採択

2 国際機構がつくる平和

　世界の国、政府で構成された国際連合などの国際機構は、国境をこえて地球規模の危機や課題を解決するために取り組んでいます。

　国際連合をはじめとした国際機関が担う責任と役割は、多様化しています。

・軍事力で領土を守り紛争を解決する国家の安全保障
・経済社会協力活動によって人びとの生存、尊厳を守る人間の安全保障
・地球環境も視野に入れた活動

平和構築支援の枠組み

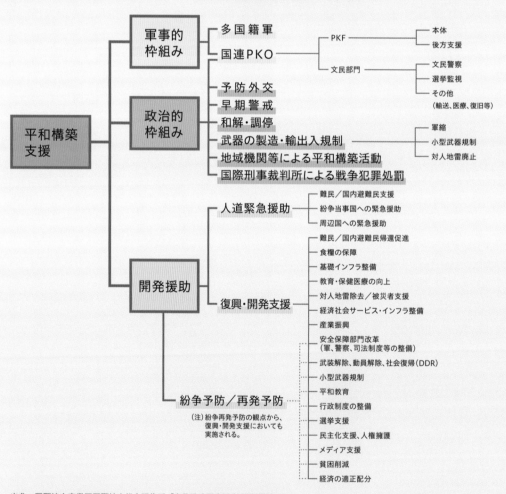

出典：国際協力事業団国際協力総合研修所『事業戦略調査研究 平和構築——
人間の安全保障の確保に向けて 報告書 第1部本編』（国際協力事業団、2001年、4頁）

紛争後の国づくり
——国連平和維持活動（PKO）

UNTAC職員から投票用紙を受けとる女性
提供：UN Photo/Pernaca Sudhakaran（カンボジア、1993年）

　1992年から1993年、カンボジアの内戦を解決するため、パリ和平協定に基づき、PKOとして国連カンボジア暫定統治機構（UNTAC）が派遣されました。武力紛争に決着をつけるために国連の管理下での選挙を実施し、停戦監視任務に留まらない新たなPKOとも言われます。軍人だけではなく多くの文民が参加し、公正で自由な選挙に向けて文民行政部門、文民警察部門、選挙部門、人権部門に加えて、国連難民高等弁務官事務所（UNHCR）と連携した難民帰還部門、復興部門も設けられ幅広い支援を行いました。

難民キャンプからUNHCR（Office of the United Nations High Commissioner for Refugees）の列車で戻るカンボジアの人びと
提供：UN Photo/Pernaca Sudhakaran（カンボジア、1992年）

戦争犯罪を裁く
——国際刑事裁判所（ICC）の役割

UNESCOと住民の協力で遺跡の修復が行われたジンガレーベルモスク
提供：UN Photo/Tiecoura N'daou（マリ、2017年）

　ICCは国際社会全体が関心をもつ「最も重大な犯罪」を犯した個人を訴追、処罰する国際刑事法廷です。2012年、イスラム過激派がマリの都市トゥンブクトゥを占拠した際、霊廟やモスクを破壊しました。自ら破壊行為を認めたマリ人のアハマド・ファキ・アルマハディに対し、2015年、禁錮9年の有罪判決が下されました。武力紛争下の文化財保護については国際条約でも定められています。判決は宗教施設や歴史的建造物などの文化財を破壊することも、重大な戦争犯罪であることを伝えています。

破壊された遺跡（聖人の霊廟）
提供：UN Photo/Marco Dormino（マリ、2013年）

武力紛争を予防する

武力紛争が起こりそうな状況をいち早く察知し、国際機構が介入するという「武力紛争予防」の考え方が冷戦後に広まっています。1993年、ソ連から独立したエストニアで、ロシア政府の支持を得てエストニアから分離独立しようとしたロシア系住民と、それを阻止しようとした政府との間で武力紛争の危機が生じました。その際欧州安全保障協力会議（CSCE）の少数民族高等弁務官マックス・ファン・デア・ストールが介入し、双方に働きかけて武力紛争は回避されました。こうした国際機構の早期介入による武力紛争予防を普及させていく必要があります。

持続可能な社会のために
──国連開発計画（UNDP）

国連開発計画（United Nations Development Programme）は、貧困や格差、気候変動といった不公正に終止符を打つために闘う国連の主要機関です。170カ国で、人間と地球のために総合的かつ恒久的な解決方法を築きあげようと、様々な専門家や連携機関からなる幅広いネットワークを通じ支援を行っています。

・「国家にとっての真の宝は人びとである」という信念に基づき、人びとや国々の能力を育てる活動を実施
・世界各国でSDGsを国別の開発計画や政策に組み込む包括的な支援に取り組む
・6分野の活動の柱を通じ、各国政府に対し政策提言、技術支援、資金、支援プログラムを提供
・1990年から刊行している「人間開発報告書」は世界の開発に関する議論に大きな影響力をもつ

トンガで実施された訓練

カンボジアでのマングローブの植林

ベナンの女性たち
提供協力：国連開発計画（UNDP）

3 市民社会の力

　非政府組織（NGO）、企業などの民間セクター、私たち個人が属している市民社会の可能性は無限です。

　市民社会＝NGOの平和のつくり方は大きく２つに分けることができます。国内の議会や国際機構に働きかけて国内的あるいは国際的な政策形成に影響を与えようとするアドボカシー（政策提言）型NGOによる活動と、紛争地などの現場に入っていきそこで平和をつくろうとするフィールド（実働）型NGOの実践です。また、社会的責任を負った企業など民間セクターの取り組みもあります。市民社会は私たち一人ひとりが構成員であり、多くの可能性を秘めています。

提供：ウムチョ・ニャンザ／特定非営利活動法人えひめグローバルネットワーク／認定NPO法人テラ・ルネッサンス／有限会社ビッグイシュー日本

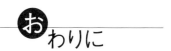

おわりに

　戦争の悲惨さや無情さをどのように伝えるのか、平和の尊さや価値をいかにして実感してもらえるのか。これらは、すべての平和博物館にとって共通する重要なテーマだと思います。今回の第2期リニューアルに当たっても、年表展示の歴史叙述やテーマ展示において、冒頭の難題に突き当たりました。総監修だけでなく、専門部会の議論にも関わった責任者の一人として繰り返し確認したことは、最新の研究成果など学術的知見をふまえつつ、歴史資料や証言をしっかり活用すること、たとえどんなに目をそむけたくなるような写真や証言であっても可能な限り展示しよう、という方針でした。

　かつて反戦詩画人の四國五郎（1924-2014年）は、「こわいものなど描きたくはないのだが、こわいものを地上から無くすためには描かねばならない」という言葉を残しています。有名な絵本『おこりじぞう』（金の星社、1979年）の「あとがき」の結びの言葉です。「こわいもの」とは直接には「核兵器」のことを指していますが、ご子息の光さんからは、この場合、「核兵器」だけでなく「戦争」として広く理解すべきではないか、と以前教えて頂きました。四國五郎の別の言葉（「戦争を起こす人間に対して、本気で怒れ」）は最後のメッセージコーナーにも登場しますが、これらの言葉は今回のリニューアルの過程で困難にぶつかるたびに、私が常に想起していたものです。

　現在の世界に目をやると、ウクライナで大規模な戦争が繰り広げられていますし、核兵器もまた存在し続けています。そうしたなかで、平和博物館が果たす役割とはいったい何でしょうか。リアルな戦争の現実を伝え、平和な世界を創造するための拠点をつくること、それに尽きるのではないかと考えます。また近年、「戦後70年」が経過し、戦争体験者が姿を消しつつあるなかで、全国各地では「戦争を知らない世代」による戦争体験・記憶の継承、語り継ぎの活動も盛んになっています。思えば、国際平和ミュージアム設立のきっかけになったのは、戦争体験を風化させないために市民の手によって実現した「平和のための京都の戦争展」でした。そうした意味でも、平和創造の拠点としての国際平和ミュージアムが果たす役割はこれから益々大きくなっていくはずです。今回のリニューアルを機に、国内外より多くの方々が来館し、戦争と平和の問題を自分事として考えるきっかけを掴んで頂くことを心から願っております。

　2023年9月

立命館大学国際平和ミュージアム副館長

細谷　亨

協力者一覧 <small>（50音順）</small>

展示協力

朝倉敏夫	大久保　遊	北村盛武	竹内よし子	早瀬道生	山口洋典
安野輝子	大澤茉実	衣川太一	田中まさみ	久本福子	山口まどか
飯高伸五	太田裕之	金賢玉	都留俊太郎	福井　優	吉池俊子
飯塚結子	大畑　豊	金秀煥	手嶋麻記子	福田静二	吉澤静渉
池田　豊	岡野久美子	工藤洋三	唐鈺	藤井清美	吉澤武彦
石川光陽	押原　譲	倉田光一	内藤綾也佳	藤本伸樹	吉田憲司
石川智子	落合優翼	小関素明	中谷至宏	古谷桂信	吉田佐和子
石川文洋	小原一真	後藤　杏	中野健太	細田伸昭	吉中充代
石川令子	折原里枝	齋藤由紀	中村梧郎	前原英彦	吉村和真
石堂了正	貝澤耕一	佐々木梓	中村秀利	松尾　弘	吉村誠司
李順連	加藤つむぎ	佐野　愛	中村康利	松村真澄	心韻
市田真理	金田千澄	夏淑琴	新沼真琴	松山文紀	芦鵬
伊藤あかり	川島綾香	芹沢昇雄	野木香里	丸尾忠義	渡部香子
伊藤孝司	川田文子	外間功一	能崎嘉子	峯　桃香	
今林佑太	川村　幸	竹峰誠一郎	乗松聡子	宮永眞保子	
李龍植	甘記豪	田子はるみ	橋村拓磨	毛利英之	
内田　優	貴志俊彦	田澤　守	秦　知央	森　未知	

Berta Aurora Méndez	Emma Leslie	Nancy Ng Tam
Brian Kádár	Ezra Kingston	Rosalina Tuyuc Velasquez
Camille Owens	Gregg Mathieu Lee	Soth Plai Ngarm
Christian Steckler	Iratxe Momoitio Astorkia	
Donald Rupnow	Kimberly Baker	

アウシュヴィッツ・ビルケナウ博物館	ウトロ平和祈念館	共同通信社
朝日新聞社	ウムチョ・ニャンザ	京都市美術館（京都市京セラ美術館）
葦書房	沖縄県公文書館	京都大学人文科学研究所図書館
アフロ	沖縄県平和祈念資料館	京都府立京都学・歴彩館
一般財団法人アジア・太平洋人権情報センター	女たちの戦争と平和資料館	京都レインボープライド
一般社団法人 OPENJAPAN	神奈川県立地球市民かながわプラザ（あーすぷらざ）	空襲・戦災を記録する会
一般社団法人京都自治体問題研究所	樺太アイヌ協会	熊本学園大学水俣学研究センター
内灘町歴史民俗資料館「風と砂の館」	川崎市平和館	慶應義塾大学日吉メディアセンター

公益財団法人新聞通信調査会通信社ライブラリー

公益財団法人政治経済研究所付属東京大空襲・戦災資料センター

廣間山眞願寺

コーネル大学図書館

声なき声の会

国際日本文化研究センター

国立民族学博物館

国連開発計画（UNDP）

国連 UNHCR 協会

在日韓人歴史資料館

昭和館

植民地歴史博物館

侵華日軍第七三一部隊罪証陳列館

侵華日軍南京大屠殺遇難同胞紀念館

「戦争と女性への暴力」リサーチ・アクション・センター（VAWW RAC）

拓殖大学図書館

丹波マンガン記念館

中央研究院台湾史研究所アーカイブ館

中帰連平和記念館

対馬丸記念館

東京国立博物館

東京大学理学図書館

東京電力ホールディングス株式会社

東京都立第五福竜丸展示館

同志社大学鉄道同好会（DRFC）

同志社大学鉄道同好会 OB 会

東方出版

東松照明オフィス INTERFACE

特定非営利活動法人 えひめグローバルネットワーク

特定非営利活動法人 国境なき医師団日本

独立行政法人国立女性教育会館

長崎原爆資料館

那覇市歴史博物館

二二八国家紀念館

日本機関紙出版センター

日本近代文学館

日本電波ニュース社

日本母親大会事務局

日本ラテンアメリカ協力ネットワーク（RECOM）

認定 NPO 法人テラ・ルネッサンス

国際 NGO ピースボート

フェリス女学院歴史資料館

深草支所地域力推進室

平和祈念展示資料館（総務省委託）

平和のための京都の戦争展実行委員会

ペシャワール会

北海道新聞社

北海道大学スラブ・ユーラシア研究センター図書館

北海道大学図書館北方資料室

毎日新聞社

有限会社菊屋

有限会社ビッグイシュー日本

読売新聞社

立命館史資料センター

琉球新報社

Bishop Museum

Bundesregierung

Cambodia Peace Gallery

Centre for Peace and Conflict Studies

Clean Clothes Campaign (CCC)

Coordinadora Nacional de Viudas de Guatemala (CONAVIGUA)

Gernika Peace Museum

Imperial War Museum (IWM)

International Network of Museums for Peace (INMP)

Living Peace Museum

Museum of Chinese in America (MOCA)

Nadia's Initiative

National Archives and Records Administration (NARA)

OFICINA DE DERECHOS HUMANOS DEL ARZOBISPADO DE GUATEMALA (ODHAG)

Państwowe Muzeum Auschwitz-Birkenau

Robert-Havemann-Gesellschaft e.V.Archiv der DDR-Opposition

Shutterstock

United States Holocaust Memorial Museum

映像制作協力

太田米男（おもちゃ映画ミュージアム館長）
藤岡幹嗣（立命館大学映像学部教授）

執筆者

吾郷　眞一	勝村　　誠	田中　　直	松田　京子
足立　研幾	兼清　順子	谷口　　綾	松田　正彦
安斎　育郎	河角　直美	張　　彧暋	美馬　達哉
池内　靖子	河西　晃祐	鄭　　雅英	宮内　　肇
石川　幸子	君島　東彦	徳川　信治	宮脇　　昇
市井　吉興	権　　香淑	富山　仁貴	村本　邦子
井上　祐子	坂口　満宏	鳥山　純子	森　　亜紀子
岩田　拓夫	佐藤　安信	中本　　悟	薬師寺公夫
大谷　　正	嶋田　晴行	西村　智朗	柳原　　恵
大月　功雄	末近　浩太	原田　敬一	山口　一樹
大野　光明	千住　　一	番匠　健一	山崎　文徳
大橋　　陽	滝澤　三郎	平井　健介	山本　めゆ
長　　志珠絵	田鍬　美紀	細谷　　亨	
小澤　卓也	竹野　　学	前川　一郎	
越智　　萌	田中　　聡	松下　　冽	

展示設計・施工

株式会社丹青社

展示制作

株式会社ライブアド
株式会社レイ

アカデメイア立命21リフレッシュ工事

株式会社安井建築設計事務所
熊谷組・ケーアンドイー共同企業体

特別協力

株式会社クレオテック

監修者一覧 （＊は総監修、50音順）

吾郷　眞一	＊立命館大学国際平和ミュージアム前館長、九州大学名誉教授
安斎　育郎	＊立命館大学国際平和ミュージアム名誉館長、立命館大学名誉教授
市井　吉興	＊立命館大学国際平和ミュージアム副館長、立命館大学産業社会学部教授
井上　祐子	公益財団法人政治経済研究所主任研究員
大野　光明	滋賀県立大学人間文化学部准教授
勝村　誠	立命館大学国際平和ミュージアムメディア・資料セクター長、立命館大学政策科学部教授
君島　東彦	＊立命館大学国際平和ミュージアム館長、立命館大学国際関係学部教授
田中　聡	立命館大学文学部教授
鳥山　純子	立命館大学国際平和ミュージアム展示セクター長、立命館大学国際関係学部准教授
西林　孝浩	立命館大学文学部教授
原田　敬一	佛教大学名誉教授
番匠　健一	特定非営利活動法人社会理論・動態研究所専門研究員
細谷　亨	＊立命館大学国際平和ミュージアム副館長、立命館大学経済学部准教授

MAP

衣笠山

京都府立
堂本印象美術館

立命館大学前

金閣寺

わら天神

わら天神前

西大路通

きぬかけの路

立命館大学
国際平和
ミュージアム

馬代通

立命館大学
衣笠キャンパス

平野神社

立命館大学国際平和ミュージアム
Kyoto Museum for World Peace, Ritsumeikan University

〒603-8577　京都市北区等持院北町56-1
TEL:075-465-8151
FAX:075-465-7899
https://www.ritsumeikan-wp-museum.jp

装幀・本文デザイン：守谷義明＋六月舎
組　　　版：藤間なお美
図表作成：丹青社

図録 立命館大学国際平和ミュージアム
——PEACE × PIECE　あなたのピースを探そう!
ピース　　ピース

2023 年 9 月 23 日　第 1 刷発行

編　者　　立命館大学国際平和ミュージアム
発行者　　坂上美樹
発行所　　合同出版株式会社
　　　　　郵便番号　184-0001　東京都小金井市関野町 1-6-10
　　　　　電話　042-401-2930　https://www.godo-shuppan.co.jp
　　　　　振替　00180-9-65422
印刷・製本　　株式会社シナノ

■刊行図書リストを無料送呈いたします。
■落丁乱丁の際はお取り換えいたします。